Playmobil® durchleuchtet
Wissenschaftliche Analysen und Diagnosen des weltbekannten Spielzeugs

AF201796

Über dieses Buch

Sie sind nur 7,5 cm groß und doch weltbekannt. PLAYMOBIL® fasziniert seit 40 Jahren Kinder und Erwachsene.

Das Buch „Playmobil durchleuchtet" geht diesem Phänomen auf den Grund und durchleuchtet die Erfolgsgeschichte des Kultspielzeugs unterhaltsam und wissenschaftlich. Das Artefakt „Playmobil" wird aus dem Blickwinkel verschiedener Wissenschaftsdisziplinen wie Soziologie, Ethnologie, Geschichte, Kunstwissenschaft und Kulturwissenschaften untersucht. Namhafte Experten wie Anselm Geserer, Darijana Hahn, Manuel Lorenz, Yvonne Niekrenz und Katharina Zeppezauer-Wachauer, bereichern „Playmobil® durchleuchtet" um Ihre Perspektive: So finden Modernisierungsaspekte und Geschichtsbild genauso Berücksichtigung, wie Geschlechterverhältnisse und mediale Reinszenierungen.

Die Leserinnen und Leser erwartet mit diesem Buch, das in der Reihe „Studien zur Unterhaltungswissenschaft" des Instituts für Theoriekultur erscheint, spannende und unterhaltsame Wissenschaft – einfach Wissenschaft die Spaß macht!

Institut für Theoriekultur
Studien zur Unterhaltungswissenschaft

Band 7

Hannah Köpper und Sacha Szabo (Hg.)

Playmobil® durchleuchtet

Wissenschaftliche Analysen und Diagnosen des weltbekannten Spielzeugs

Hinweis: An allen Stellen dieses Buches, an der die Rede von *Playmobil* ist, ist die eingetragene Marke der Firma Geobra Brandstätter gemeint.

Hannah Köpper und Sacha Szabo (Hg.)
Playmobil® durchleuchtet.
Wissenschaftliche Analysen
und Diagnosen des
weltbekannten Spielzeugs

Studien zur Unterhaltungswissenschaft, Band 7
Coverbild: Institut für Theoriekultur
Lektorat: Christiane Waldmann

Druck und Bindung: Schaltungsdienst Lange - Berlin
Printed in Germany.
Alle Rechte vorbehalten
Besuchen Sie uns im Internet
www.tectum-verlag.de

ISBN: 978-3-8288-3022-6
ISSN: 1867-7622
© Tectum Verlag Marburg, 2014

Bibliografische Informationen der Deutschen Nationalbibliothek
Die Deutsche Nationalbibliothek verzeichnet diese Publikation in der
Deutschen Nationalbibliografie; detaillierte bibliografische Angaben sind im Internet
unter http://dnb.ddb.de abrufbar.

Inhaltsverzeichnis

Hannah Köpper und Sacha Szabo
Einführung..9

Hannah Köpper und Sacha Szabo
PLAYMOBIL®..11

Anselm Geserer
Spiel im Zentrum des Kindes. Die Emanzipation des Spielobjekts-Playmobil®..............19

Interview
Interview mit einem neunjährigen Mädchen aus Zweibrücken:
„Playmobil® kann eigentlich alles"..33

Hannah Köpper
„Ich bin Ritter, kein Pirat!" Modernisierungsaspekte, Individualisierung,
Differenzierung und Pluralisierung von Lebensstilen im Spielzeug Playmobil®..............37

Interview
Interview mit Andrea Schauer, der Geschäftsführerin der Firma Geobra (Playmobil®):
„Playmobil® wächst mit den Kindern"...51

Katharina Zeppezauer-Wachauer
Drachenritter und Feenprinzessin.
Die kreative Figurenkomposition gespielter Geschichte(n) und ihre Metamorphose......57

Interview
Interview mit einem Forenbetreiber für Playmobilsammler und -spieler..............75

Yvonne Niekrenz
Körper aus Plastik?
Körpersoziologische Überlegungen zu Helden des Kinderzimmers..........................71

Interview
Interview mit einem (ehemaligen) Sammler und
Playmobil®-Begeisterten aus Zweibrücken..87

Sacha Szabo
Die Nase des Playmobils. Eine EntwicklungsGeschichte......................................91

Manuel Lorenz
Das playmobile Mittelalter..97

Interview
Interview mit Herrn Dr. Patrick Rau
vom archäologischen Landesmuseum in Konstanz...109

Darijana Hahn
Aus dem Kinderzimmer in die Öffentlichkeit. Was an der steilen Karriere der
Playmobilfiguren als Illustrationsobjekte abgelesen werden kann.........................115

Interview
Interview mit Frau Cathérine Biasini vom Jungen Museum in Speyer.................131

Sacha Szabo
Gendermobil: Die Rolle der Frau in der Playmobilwelt 137

Anlagen 149

Danksagung 156

Hannah Köpper / Sacha Szabo

Einführung

Der Mensch ist, weil er spielt. Das freie Fantasiespiel zeichnet den Menschen exklusiv gegenüber allen anderen Wesen aus. Er kann sich im Spiel ganz nach einer Vorstellung schaffen und zugleich gliedert das Spiel, indem es eine Erzählstruktur in die Umwelt legt, die Wirklichkeit. Das Reale wird erst durch das Spielen zur Realität.

Aber die Realität muss keineswegs exakt sein, wie dies Katharina Zeppezauer-Wachauer und Manuel Lorenz in ihren Aufsätzen zeigen. Aber das Spiel ist nicht nur Tun, sondern auch ein Ort. Es ist ein Schauplatz der Entstehung und des Vergehens einer fragilen, bunten, zauberhaften und grenzenlosen Welt. Dem, der nicht teilnimmt, bleibt diese Welt mit ihren Geheimnissen unsichtbar und fremd. Sein Spiel nimmt das Kind ernst und tastet sich im Erschaffen seiner Imaginationen an die Wirklichkeit heran. In diesem imaginierten Rahmen ist es sicher, es kann ihm nichts passieren, weil alles nur in seiner Fantasie geschieht und es bestimmt, was passiert und was nicht. Das Spielzeug hat nun eine besondere Funktion inne, es ist Medium. Es befähigt zum Spiel und bezeugt, was gespielt wird. Denn das, was gespielt wird, ist auch immer ein Indikator für die Gesellschaft, in der das Spiel stattfindet. Anselm Geserer zeigt dieses Spannungsverhältnis von Spielen (Play) und konkretem Spielzeug (Game) auf. Dies ist insofern besonders aufschlussreich, als dass sich an Playmobil wie an einem Seismographen gesellschaftliche Veränderungen ablesen lassen, dies leisten die Arbeiten von Hannah Köpper und der Aufsatz von Sacha Szabo. Gerade an Playmobil mit dem ikonographischen Potential zeigt sich, wie sehr das Spiel, genauer das Spielzeug, auch die alltägliche Wahrnehmung prägt. Damit schließt sich der Kreis zu unserer Eingangsfeststellung: Das Spiel schafft nicht nur Realität; es ist Realität!

Hannah Köpper / Sacha Szabo

„PLAYMOBIL®"

Ritter, Bauarbeiter und Indianer – mit diesen drei Figuren nahm die Erfolgsgeschichte Playmobils ihren Anfang. Heute zählen die Figuren mit einem Bekanntheitsgrad von 100% zu dem beliebtesten Spielzeug Deutschlands.

Die Geschichte der Figuren begann 1876. In diesem Jahr gründete Andreas Brandstätter die Firma, die ursprünglich noch Beschläge und Schlösser für Schatullen herstellte. Georg, sein Sohn, übernahm die Firma 1908 und prägte den heutigen Firmennamen geobra Brandstätter. Produkte und Produktionsstandort änderten sich. Es wurden Spiel- und Metallwaren fabriziert und vertrieben, als geobra Brandstätter in den zwanziger Jahren den Firmensitz und heutigen Standort der Firmenzentrale nach Zirndorf verlegte. Horst Brandstätter, heutiger Alleininhaber, trat 1952 in das Unternehmen ein. Zu dieser Zeit konzentrierte sich die Produktion auf die Herstellung von Spardosen, Telefonen und Artikeln für den Kaufladen.

Abbildung 1: Plastikregistrierkasse von Geobra Brandstätter

Die 7,2 cm großen Klickys – so der Ursprungsname – mit dem sympathischen Lächeln stammen aus der Feder des bei geobra Brandstätter als Mustermacher beschäftigten Hans Beck (1929-2009). Horst Brandstätter trat 1971 mit dem Auftrag an Hans Beck heran, ein Serienspielzeug zu fertigen. Die Vorstellung von Hans Beck unterschied sich allerdings grundlegend von denen des Unternehmers Horst Brandstätter. Während dieser an Fahrzeuge mit schlichten Figuren dachte, konzipierte Hans Beck etwas vollkommen Neues. Er entwarf die Musterfiguren mit beweglichen Ar-

11

men und Beinen sowie Greifhänden, die im Zentrum des „Rollenspielsystems" standen.

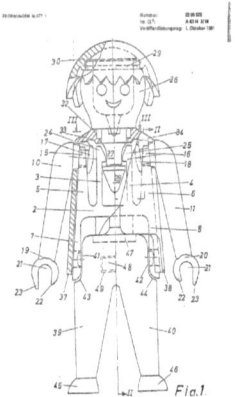

Abbildung 2: Deutsches Patentamt: Patentschrift DE2205525C2 (1972)

Während der Entwicklung gab es verschiedene Probleme zu lösen. Die Greifhand musste entwickelt werden, das Gesicht, das anfangs sogar noch eine Nase hatte und einzeln bewegliche Beine wurden diskutiert, aber wegen der Instabilität verworfen, finden sich aber noch in der Patentanmeldung. Ein großes Problem war die Kompatibilität zu anderem Zubehör. Augenfällig ist etwa die schmale Taille des Playmobilpferdes, das eben den Beinabständen der Figur geschuldet ist. Die Größe der Figur wurde wiederum an den Maßen der Kinderhand angelehnt, wie Hans Beck in einem Interview darlegte[1]. An der Gestaltung des Gesichts mit dem freundlichen Lächeln orientierte er sich für das damalige Firmenlogo.

Abbildung 3: Markenlogo Geobra

---

[1] Beck, Hans/Kupiak, Gisela: „Playmobil – Am Anfang war die Figur" (Presseinformation), o.O., o.J.

Die ersten Figuren stellten Bauarbeiter, Indianer und Ritter dar und deckten damit die Aspekte des Historischen, des Aktuellen und der fremden Kultur ab. Doch bis zu der Realisierung der Idee sollte es noch dauern. Beeinflusst vom Kostendruck aus Niedriglohnländern und Ölkrise stimmte Horst Brandstätter schließlich der Realisierung der Idee zu und im Februar 1974 wurden die Playmobilfiguren vorgestellt.

Abbildung 4: Produktabbildung Bauarbeiter 3219-A (Playmobil-Onlinearchiv auf „www.playmobil.de")

Auf der ersten Messe wurden die Figuren skeptisch aufgenommen, aber als ein niederländischer Händler die erste Großbestellung aufgab, war das Eis gebrochen. Im Herbst desselben Jahres konnten die ersten Familien die neuen Spielzeugfiguren unter dem Namen PLAYMOBIL im Handel erwerben. Noch im selben Jahr wurde mit dem Verkauf von Playmobil ein Umsatz von drei Millionen Mark erzielt. Immer mehr Figuren und Accessoires kamen hinzu. Gab es zu Beginn nur die geschlechtsneutralen Figuren Bauarbeiter, Ritter und Indianer, deren Rolle durch entsprechende Accessoires festgelegt wurde, folgten bald die ersten weiblichen Figuren und damit eine Differenzierung der Geschlechter im Jahr 1976. Auch die Beweglichkeit wurde größer. 1981 wurden die Figuren mit drehbaren Händen ausgestattet. Drei Jahre nach Markteinführung der weiblichen Figuren begannen Fertigung und Verkauf von Kinderfiguren. Das erste Klicky-Baby folgte 1984 nach den Klicky-Kindern (1981). Ende der achtziger Jahre wurden die Playmobilfiguren komplett überarbeitet und waren nun viel individueller gestaltet. Das Angebot wurde neben Veränderungen der Figuren – zum Beispiel der rundere Körper für Frauen – auch immer mehr durch

Häuser, Fahrzeuge, Accessoires und Tiere erweitert. Und die Nachfrage lässt nicht nach – jedes Jahr erscheinen zahlreiche Neuheiten in den Regalen der Spielwarenhandlungen, das Angebot wird immer ausdifferenzierter. Aktuell bevölkern 650 Varianten der Figuren das Sortiment. Um auch jüngere Kinder anzusprechen – die Playmobilfiguren sind auf ein Mindestalter von vier Jahren angelegt – sind seit 1990 1.2.3. Figuren im Handel erhältlich, die für Kinder im Kleinkindalter gestaltet sind. Vertrieb und Produktion erweiterten sich seit der Markteinführung stetig. Die „made in Europe" Spielzeuge werden heute in Dietenhofen, Malta, Cheb (Tschechien) und Spanien produziert, weltweit werden sie vermarktet. Die Beschäftigtenzahlen steigen und das Unternehmen *geobra Brandstätter* hatte 2011 alleine in Deutschland 1.859, weltweit 3.520 MitarbeiterInnen.

Neben den Figuren, dem Zubehör wurden auch Merchandisingartikel wie etwa Comics entwickelt. Die Playmobils fanden sogar ihren Weg in die virtuelle Welt und wurden Protagonisten in Computerspielen. Aber auch die reale Welt wurde intensiv urbanisiert, so konnte geobra Brandstätter im Jahr 2000 die Eröffnung ihres Playmobil-FunParks feiern.

Abbildung 5: Postkarte auf dem Playmobil-Fun Park (2012)

Nicht zuletzt wurde in den ästhetischen-artifiziellen Welten Playmobil zum Phäno-men[2] und in der Kunstszene bereits seit den 70er Jahren thematisiert[3] und in meh-reren Ausstellungen gewürdigt.[4] Playmobil wurde zum Kultobjekt und so entstand eine weltweite Fanszene, die mit ganz unterschiedlichen Anliegen an dieses Objekt herantritt.[5]

Und heute spielen bereits in der zweiten oder sogar dritten Generation Kinder und deren Eltern, die wiederum selbst als Kinder mit Playmobil gespielt haben.

---

[2] So wurde im Sommersemester 2008 am soziologischen Seminar der Universität Freiburg von Sacha Szabo ein Seminar angeboten, das den Forschungsschwerpunkt auf das Artefakt „Play-mobil" legte. Auch entstand 2003 an der Uni Freiburg eine bemerkenswerte Magisterarbeit von Christian Haug zu Playmobil (Haug, Christian: „Playmobil. Projekt und Projektion", o.O. 2003). Diese ist leider unveröffentlicht und nur in Auszügen im Internet verfügbar. (http://home.arcor.de/c.haug/soziologie/playmobil.htm) [Stand der Abfrage: 14.10.2012].

[3] Professor Robert Gutmann ordnete schon 1976 die Figur Hans Beck als künstlerische Leistung ein. Zum 25. Geburtstag Playmobils thematisiert eine Ausstellung mit dem Titel „Playart" das Spielzeug. Auch widmet sich ein Kapitel der Arbeit von Christian Haug den künstlerischen Thematisierungen von Playmobil, beispielsweise durch Ralf Gemein, Kiki Ahlers, Men Rabe, Silke Laufs und Jorge Villalba-Strohecker.

[4] Ein wunderbares Ergebnis daraus ist die Publikation „30 Jahre Playmobil". Bachmann, Felici-tas: 30 Jahre Playmobil®". Königswinter 2004.

[5] Bemerkenswert hier ist der Playmobil-Collector-Katalog. Dieser ist auch für Kulturwissen-schaftler eine ergiebige Quelle. Hennel, Axel: „Playmobil Collector. 1974-2009". Dreieich 2009.

Quellenverzeichnis

Bachmann, Felicitas: „30 Jahre Playmobil®". Königswinter 2003.

Deutsches Patentamt: „Patentschrift DE2205025C2" (Patentinhaber Geobra Brandstätter GmbH & Co. KG), 1972.

Haug, Christian (2003): Playmobil - Projekt und Projektion. (Magisterarbeit). Nicht veröffentlicht. (Auszüge auf: http://home.arcor.de/c.haug/ soziologie/playmobil.htm [Stand: 14.10.2012]).

Hennel, Axel: „Playmobil Collector. 1974-2009". Dreieich 2009.

Playmobil® Presseinformation: „geobra Brandstätter – Geschichte und Firmenportrait".

Playmobil® Presseinformation: „Hans Beck, der „Vater" der Playmobil-Figuren".

Playmobil® Presseinformation: „Brandstätter-Gruppe – die wichtigsten Daten" (25.01.2012).

Anselm Geserer

Spiel im Zentrum des Kindes. Die Emanzipation des Spielobjekts – Playmobil®

„Der Geist des Spiels ist für die Kultur wesentlich, aber Spiele und Spielzeuge sind im Lauf der Geschichte zu Residuen der Kultur geworden. Als unverstandene Überreste einer vergangenen Zeit oder als Anleihen einer fremden Kultur, in die sie sich einfügen sollen, erscheinen sie jedes Mal außerhalb des Funktionszusammenhangs der Gesellschaft, in der man sie antrifft, und ihres Sinnes beraubt. Sie werden nun nur noch geduldet, während sie in einer früheren Phase oder in der Gesellschaft, der sie entstammten, integrierende Teile der entscheidendsten weltlichen oder heiligen Institutionen waren."[1]

Spiel ist eine Tätigkeit für Kinder, nicht für Erwachsene. Aus diesem Grunde versuchen Theoretiker jedweder Gattung, einen Zugang zum Spiel zu finden. Pädagogen und Erziehungswissenschaftler sehen das Spiel oftmals als primordial gegebenes Werkzeug der Erziehung und des Lernens und wollen Kinder durch Zwang zum Spiel überlisten etwas „sinnvolles" zu lernen.[2] Also Kinder spielen, soviel ist jedenfalls gewiss. Aus diesem Anlass heraus soll von einem „nun mal gegebenen Spieltrieb des Kindes"[3] ausgegangen werden. Was jedoch Spiel und Spielen ist und in welchem Verhältnis sich das zu den Spielenden verhält, soll im Folgenden geklärt werden.

Und dann gibt es da noch Playmobil®. Ein beliebtes, teilweise modulares Systemspielzeug, das laut Hersteller für Kinder zwischen vier und zehn Jahren zum Spielen geeignet ist[4]; allerdings sind auch Produkte ab eineinhalb Jahren erhältlich. Viele von uns haben vielleicht selbst mit Playmobil® gespielt, es ihren Kindern gekauft oder es zumindest schon einmal im Warenhaus oder der Werbung gesehen. Kinder spielen damit. Und das sehr gerne. Nicht ohne Grund ist Playmobil® seit den 70ern auf dem Vormarsch und bahnt sich einen Weg durch die Spielzeugwelt. Doch was hat es mit dem Spiel der Kinder mit den beliebten Kunststofffiguren auf sich? Wie lässt sich

---

[1] Caillois, Roger: „Die Spiele und die Menschen. Maske und Rausch". Frankfurt a.M.; Berlin; Wien 1982, S. 68.

[2] Vgl. Scheuerl, Hans: „Beiträge zur Theorie des Spiels". In: Blochmann, Elisabeth et.al. (Hg.): „Kleine pädagogische Texte.", Weinheim 1966, S. 7.

[3] Ebd.

[4] http://www.playmobil.de/ [Stand der Abfrage: 13.06.2012].

diese Form des Spiels charakterisieren und einordnen? Diese Fragen sollen ebenfalls nachfolgend gelöst werden.

Und nun eines noch: Play – Mobil! Wird hier nicht förmlich danach geschrien, eine Analyse zu initiieren, um das Verhältnis des Namens zu dem des Programms zu klären? Wie viel Programm der Name letzten Endes in sich trägt, soll gleichfalls in Erfahrung gebracht werden.

Zu Beginn sollen das Kind und sein Spiel in frühen Stadien der Entwicklung nach Piaget betrachtet werden. Sensomotorische und kognitive Entwicklungen gehen mit der Ausbildung des Spiels einher. Dem Spiel kommen, so Piaget, verschiedene Elemente im Entwicklungsverlauf hinzu, bis es schließlich komplementiert ist. Im sensomotorischen Stadium, das schon im präverbalen Alter anzutreffen ist, kommen anfangs Symbole und abschließend Regeln hinzu, bis das Kind eine gewisse Stufe der kognitiven Reife erlangt hat.

In welchem Maße sich Spiel in der Sozialisation bemerkbar macht, ist Thema des darauffolgenden Abschnitts. Nach George Herbert Mead wandelt sich das Spiel des Kindes ebenfalls in Abhängigkeit seines Entwicklungsprozesses, wohingegen diese Abhängigkeit hier bilateral ist. Das spontane Spiel (*play*) transformiert sich zum Regelspiel (*game*); innerhalb dieser Spiele werden Rollen übernommen, wodurch Kinder rollenspezifische Reiz-Reaktions-Muster lernen. Je komplexer das Spiel oder seine Regeln werden, desto spezifischer und konsistenter werden die Rollen, die das Kind dann simultan übernehmen kann. Durch diesen Transformationsprozess internalisiert das Kind die Moral der Gemeinschaft und bildet seine Persönlichkeit.

Spiel jedoch ist eine Form der Beschäftigung, die beständig an Objekte gebunden ist, diese möglicherweise sogar erfordert. Frederik J.J. Buytendijk beschreibt das Spiel und den Spieldrang aus der Perspektive der Jugend. Die *pathische* Einstellung manifestiert eine emotionale Bindung zur Umwelt und generiert das Basiselement der Objektbindung. Diese Objektbindung ist für Buytendijk Voraussetzung für das Spiel. Objekte sind für ihn ebenfalls symbolgeladen und erzeugen mit dem Spieler eine Art rekursive Dynamik, die deklarierend für das Spiel ist.

Hierauf folgend soll Spiel aus einer Perspektive, die losgelöst vom Spieler ist, analysiert werden. Das Werk *Homo Ludens* von Johan Huizinga gibt einen hinreichenden

Einblick in Spiel und seine Charakteristiken. Zentrale Momente des Spiels sollen hier dargestellt werden. Wichtige Bestimmungen des Spiels sind Freiheit (die Freiheit zu spielen), Zweckfreiheit oder Begrenztheit.

Weitere Bestimmungen und Klassifizierungen nach Roger Caillois sollen alsdann ins Zentrum der Betrachtung gerückt werden. Dieser differenziert Spiele anhand der Kategorien *agôn* (Wettkampf), *alea* (Glück/Zufall), *mimicry* (Maskierung) und *ilinx* (Rausch). Jeder dieser Kategorien wird nun, je nach Spiel, mehr *paida* (spontane Manifestation des Spieltriebes und Improvisation) oder *ludus* (Regelhaftigkeit) zugewiesen.

Spiel in der Entwicklung des Kindes

Kinder in der Entwicklungsphase eines Alters ab eineinhalb Jahren legen permanent enorme kognitive Sprünge an den Tag, daher ist es von großem Wert, das Spiel der Kinder in diesen Lebensphasen in Bezug auf Playmobil® einmal genauer zu betrachten. J. Piaget hebt in seinem Werk „Nachahmung, Spiel und Traum" die Valenz der kognitiven Reife in Bezug auf Spiel bei Kindern besonders hervor. Der Grundstein des Spiels wird, diesen Ausführungen nach, durch den Prozess der Äquilibration, dem Ausgleich einer Spannung, oder besser, die Anpassung des Organismus an seine Umwelt durch Assimilation und Akkommodation gelegt[5]. Assimilation meint hierbei die Anpassung eines Reizes an ein vorhandenes kognitives Schema, wohingegen Akkommodation einen Reiz in ein neues Schema einbindet. Beim Spiel, so Piaget, überwiegt die Assimilation des Kindes[6]. „Das Spiel [...] stellt ein Nachlassen der Anpassungsanstrengungen dar und ist ein Ausüben oder ein Einüben dieser Aktivitäten nur aus dem Vergnügen heraus, sie zu beherrschen[...]".[7]

Die Entwicklung der Intelligenz und der kognitiven Reife korreliert mit der Entwicklung des Spiels und seiner Komplexität. So konstruiert Piaget seine Theorie des Spiels und der Nachahmung anhand verschiedener zuvor beschriebener Entwicklungsstadien. Hier sollen jedoch lediglich die Stadien des Spiels von Bedeutung sein; „drei große Typen von Strukturen [treten zutage], die die kindlichen Spiele bestimmen: die Übung, das Symbol und die Regel".[8]

Zu Beginn sind Kinder darauf angewiesen zu lernen, ihren Körper zu beherrschen. In dieser sensomotorischen Phase befinden sich schon Grundelemente des Spiels, so ist beispielsweise der Zweck (abgesehen von der sensomotorischen Übung und der Kör-

---

[5] Vgl. Piaget, Jean: „Nachahmung Spiel und Traum. Die Entwicklung der Symbolfunktion beim Kinde", Stuttgart 1996, S. 117.
[6] Vgl. ebd.
[7] Ebd., S. 120.
[8] Ebd., S. 246.

perbeherrschung, ein Element, welches in späteren Stadien gleichwohl zum Spiel gehören kann) ausschließlich in sich selbst verankert: Das Spielen am hängenden Mo-
bile dient objektiv keinem äußeren Zweck und ließe sich demnach als Übungsspiel
deklarieren. In dieser Phase ist (gleich den späteren Phasen die Freude) die Freude,
Ursache zu sein, motivationsgenerierend[9], Kinder lernen eine manipulierbare Umwelt kennen. Diese Form des Spiels lässt sich vermehrt in präverbalen Stadien auffin-
den.

Zu diesen sensomotorischen Spielen kommen mit und durch die fortschreitende Entwicklung nach und nach Symbole und Symbolik mit ins Spiel. Diese erfordern eine kognitive Vorstellungsstruktur, die es möglich macht, abwesen-
de Objekte oder Subjekte als anwesend zu imaginieren und das in der Regel in
einen Spielgegenstand.[10] Diese Objekte werden im Spiel fiktiv dargestellt. Diese
(inter-) subjektive Symbolik läuft parallel zu der Sensomotorik, die im vorangegangenen Stadium Hauptelement war. In dieser Phase werden beim kindlichen Spiel
Elemente des „realen“, alltäglichen Lebens aufgearbeitet und kompensiert, es werden
Konflikte gelöst und Wünsche erfüllt, und hinzu kommt die Freude am Spielen und
die Weiterführung der Freude, Ursache zu sein. Im ersten Stadium sind Spiel und
Imitation getrennt, erst mit der Genese der Symbolik laufen beide Erscheinungs-
formen zusammen und prägen das kindliche Spiel.[11]

Das Spiel manifestiert sich im letzten Stadium zu dem, was allgemein darunter verstanden wird, durch das Komplement der Regel. Eine Form der sozialen Interaktion
ist hier axiomatisch, da die Regeln von einer Gruppe (mindestens zwei Personen) auf-
gestellt werden müssen. Eine Verletzung der Regel stellt innerhalb dieser Gruppe ein
Fehlverhalten dar und wird möglicherweise (innerhalb der Regelwelt) sanktioniert.
Die Charakteristika der vorangegangenen Stufen sind in den darauf folgenden stets
vorhanden.

Playmobil® setzt also mit der Produktion von Produkten, die ab eineinhalb Jahren
empfohlen sind[12], zwischen der Phase der sensomotorischen Spiele und der symbolischen Ebene an. Kinder, die ab diesem Alter mit Playmobil® spielen, beginnen demnach, über die ausschließlich motorischen Übungen hinaus, ihre eigene Lebenswelt
zu verarbeiten. Wie beschrieben, werden mit den Figuren, die nun symbol- und bild-
geladen sind, Konflikte ausgetragen, Wünsche erfüllt und Spannungen kompensiert.

---

[9]   Vgl. ebd., S. 123.
[10] Vgl. ebd., S. 148.
[11] Vgl. ebd., S. 120.
[12] Vgl. Beispielsweise: http://www.playmobil.de/on/demandware.store/Sites-DE-Site/de_DE/
      Search-Show?cgid=1%2e2%2e3&prefn1=RequiredAge&prefv1=1&psortb1=New&psortd1=
      2&psortb2=id&psortd2=1 [Stand der Abfrage: 12.06.2012].

Zu diesen Momenten kommt die Imitation hinzu. In diesem Stadium beschränken sich Nachahmungen jedoch nicht auf die Sensomotorik, sondern sind, wie das Spiel selbst, symbolgeladen. Das bedeutet, dass Handlungsmuster und Interaktionsstrukturen der „signifikanten Anderen" nachgeahmt und reproduziert werden. So werden auch spielerisch die Regeln der Welt des Nichtspiels internalisiert und Rollenmuster fixiert.

Spiel nach den Regeln, mein Kind!
Bis jetzt ist die Frage nach der gesellschaftlichen Valenz oder der Anteil an der Sozialisierung eines Kindes beim Spielen offen geblieben. Für Piaget haben frühkindliche Spiele den Zweck der Körperkontrolle und der Ausbildung der Geschicklichkeit. George Herbert Mead hingegen betrachtet Spiel zu einem späteren Zeitpunkt. Wichtig ist für ihn ein Prozess der Transformation vom Spiel (*play*) zum Regelspiel (*game*)[13]. Diese Ausdifferenzierung der Spiele ist für Mead ausschlaggebend für die Integration des Kindes in die Regeln und Konventionen der Gesellschaft und für die Entwicklung des Selbst.

Spielen Kinder (beim Spiel allein) meist mit einem fiktiven, in der Fantasie geschaffenen Gefährten, so ist dies als nachahmendes Spiel zu definieren, „ein Kind spielt „Mutter", „Lehrer", „Polizist"; wir sagen, daß es verschiedene Rollen einnimmt"[14]. Wenn Kinder Rollen im Spiel einnehmen, wird durch diese Übernahme ein Reiz generiert, der, konform der Rolle, eine Reaktion oder Gruppe von Reaktionen auslöst, die der Rolle angehörig sind. Wenn ein Kind demzufolge mit anderen Kindern „Indianer" spielt, hat es in sich selbst Reize, die in ihm eine Reaktion auslösen, die äquivalent zu den Reaktionen der Mitspieler ist.[15] Bei diesem Prozess entwickelt sich Identität. Durch Rollenspiele werden demzufolge Reiz-Reaktions-Mechanismen u.a. von faktischen Rollen internalisiert. Rollen haben immer definite Relationen zueinander, die das Kind zum einen lernen muss und zum anderen ist es unabdingbar, alle beteiligten Rollen übernehmen zu können. Ab diesem Punkt beginnt die Transformation vom *play* zum *game*, denn je komplexer die Spiele werden, umso genauer muss das Kind die einzelnen Rollen kennen. Als Beispiel werden hier Wettkampf bzw. Sportspiele angeführt. Diese Form der Spiele erfordert schon eine stärker entwickelte Persönlichkeit, da Haltungen eingenommen werden müssen, die nicht den eigenen entsprechen. Bei Spielen mit einem gemeinsamen Ziel (beispielsweise beim Baseball), hält sich das Kind an die Regeln, erwartet eben dies von seinen Mitspie-

---

[13] Mead, George H.: „Geist, Identität und Gesellschaft. Aus der Sicht des Sozialbehaviorismus". Frankfurt a. M. 1968, S. 191-206.
[14] Ebd., S. 192.
[15] Ebd., S. 192f.

lern und „übernimmt die Moral dieser Gesellschaft und wird zu ihrem Mitglied"[16]. Veranschaulicht werden soll, wie Kinder durch die Übernahme von Rollen die dazugehörigen Regeln, Konventionen, Normen und sogar moralische Konzepte internalisieren. Eingenommene Haltungen kontrollieren immer die Reaktionen, wie sie von den Rollen determiniert sind; wobei schon die Übernahme einer Rolle die damit verbundene Haltung auslöst.[17] Zur Verdeutlichung bedient sich Mead des Beispiels des Eigentums: Die Deklaration von Eigentum ruft in jeder Gemeinschaft, in der Eigentum existiert, eine indifferente Reaktion hervor, die eine spezifische Haltung (beispielsweise Respekt) dem Eigentum gegenüber voraussetzt. Diese Haltung wird (im Idealfall) von allen Mitgliedern dieser Gemeinschaft geteilt und löst eine Gruppe von Reaktionen aus.[18] Solche Haltungen können durch den Transformationsprozess vom Spiel zum Regelspiel verinnerlicht werden. Im Stadium des Spiels (*play*) sind die Rollen noch inkonsistent und instabil, erst durch das Lernen von Rollen, die mit der Entwicklung dann auch simultan übernommen, bzw. imaginiert werden können, erlernt das Kind Handlungsabläufe zu antizipieren, was zu der Entwicklung des Selbst führt.

Dass das Spiel mit Playmobil® fast ausschließlich Rollenspielcharakter besitzt, ist nicht von der Hand zu weisen. Demnach ist diese Form des Spiels, das mehr fiktiv denn reglementiert ist, im Bereich *play* anzusiedeln. Mit Playmobil® können viele Rollen übernommen werden. Die älteren Figuren sind so universal, dass praktisch alles damit gespielt werden kann. Erst ab den 90ern wurden die Figuren spezifiziert und Rollen tendenziell mehr vorgegeben, doch da der kindlichen Fantasie keine Grenzen gesetzt sind, muss sie das nicht davon abhalten, mit einer Ritter-Figur Indianer zu spielen. Mit dem Playmobilspiel wird demzufolge ein Prozess der Transformation vom Spiel zum Regelspiel eingeleitet, der die Internalisierung der Gemeinschaftsmoral bedingt.

Spiel und Objekt

Wenn Kinder spielen, so tun sie dies meistens mit Spielobjekten, dem Spielzeug. Die Kontemplation der Relationen von Spielenden und ihren Spielobjekten ist bei der Analyse des Spiels mit Playmobil® von besonderer Bedeutung. Die Ausführungen von F.J.J. Buytendijk sehen das Spiel und den kindlichen Spieltrieb in engem Verbund mit einer Objektbindung und setzen diese sogar für Spiel voraus. Das Spiel wird von Buytendijk aus der Perspektive der Jugend betrachtet[19]. Für die Jugend sind

---

[16] Ebd., S. 202.
[17] Ebd., S. 202f.
[18] Vgl. ebd., S. 204.
[19] Vgl. Buytendijk, Frederik J.J.: „Wesen und Sinn des Spiels: Das Spielen des Menschen und der Tiere als Erscheinungsform der Lebenstriebe". Berlin 1933; Wolff. S. 24.

nach Buytendijk zwei zentrale Momente charakteristisch: die Ungerichtetheit und die Dynamik bzw. der Bewegungsdrang[20]. Hieraus resultiert eine Form der Instabilität, die auf das jugendliche Charakteristikum der ungerichteten Bewegung zu beziehen ist. Dem kommen spezifische Beziehungen zu der Umwelt des Jugendlichen hinzu[21], das ist das *pathische* (ergriffen sein) und das *gnostische* (greifen). Die pathische Einstellung zeigt sich als eine emotionale Bindung zur Umwelt und formt das Basiselement der Objektbindung. In Buytendijks Theorie sind diverse Bewegungsspiele (a la Piaget) keine Spiele, da nicht notwendigerweise eine Objektbindung vorhanden sein muss. „Das spielen ist immer ein spielen mit etwas." Untermauert werden diese Gedanken mit einem rhetorischen Trick, der sich auf die logische Implikation beruft: „Daß das Spielen eine lustbetonte Handlung ist, soll noch kein Grund sein, alle lustbetonten Handlungen Spiele zu nennen."[22] Für Buytendijk ist Spiel etwas extrem Dynamisches, Freies und Undeterminiertes, so führen Regeln seiner Meinung nach weg vom Spiel und hin zum Sport[23], beobachtbar ist dies beim sich entwickelnden Spiel mit dem Ball. Die Objektbindung erzeugt eine Dynamik, die für das Spiel ausschlaggebend ist. Das Handeln generiert demnach einen Effekt, der über einen Mitspieler oder ein Objekt rekursiv wirkt und zu dem Handelnden in einer nicht determinierten Weise zurückfällt. So werden Handlungsintentionen permanent von neuem geweckt. „Spielen ist also nicht nur, daß einer mit etwas spielt, sondern auch, daß etwas mit dem Spieler spielt."[24] Gemeinsam mit anderen Theoretikern sieht Buytendijk die Rolle der Symbolik in Spielgegenständen, „ein Gegenstand ist nur insofern Spielobjekt als er Bildhaftigkeit besitzt."[25]

Dies bedeutet, dass das Spielen mit Playmobil® als Spiel zu klassifizieren ist, da Objektbindung dieser Tätigkeit immanent ist. Nicht nur Objektbindung, auch zentrale Momente wie Freiheit und Dynamik sind, sowohl beim Spiel alleine mit den Kunststofffiguren, als auch beim Spiel zu zweit oder mit mehreren Personen, vorhanden. Hinzu kommt, dass hierbei die Figuren stets mit Symbolen versehen sind, die für etwas stehen; so haftet den Playmobils dauerhaft die Semantik eines Ritters, eines Bauarbeiters oder eines Familienvaters an, die wiederum Einfluss auf die Dynamik des Spiels nehmen können. Hier sind schon Tendenzen eines Rollenspiels erkennbar, da Spielende sich in unterschiedliche Objekte und Subjekte hinein versetzen müssen, um die Dynamik und die Rekursivität des Spiels zu erhalten.

---

[20]   Vgl. ebd., S. 28f.
[21]   Vgl. ebd., S. 29f.
[22]   Ebd., S. 45.
[23]   Ebd., S. 48.
[24]   Ebd., S. 48.
[25]   Ebd., S. 129.

Über Spiel

Um Spiel besser einordnen zu können, beziehungsweise, um eine präzisere Vorstellung davon zu bekommen, was Spiel überhaupt ist, scheint es sinnvoll, das Spiel, und zwar unabhängig vom Spielenden, zu betrachten. Einen genügenden Überblick soll uns hier Johan Huizanga mit seinem Werk *Homo Ludens*[26] bieten. Für J. Huizinga ist Spiel Grundlage aller kulturellen Aktivitäten, da Spiel schon vor der menschlichen Kultur existierte; demnach lässt sich Spiel in verschiedenen Formen bei Tieren wiederfinden[27]. Nichts desto trotz ist Spiel für ihn eine soziale Struktur, die es zu untersuchen gilt. Eine der scheinbar wichtigsten Charakteristiken des Spiels, und hierin sind sich alle Spieltheoretiker einig, ist das zentrale Moment der *Freiheit*[28]. Spieler wollen spielen; sie dürfen es, müssen jedoch nicht. Es ist keine Aufgabe und keine Pflicht, das Vergnügen ist die einzige Motivation, die Kinder (und auch Erwachsene) zum Spielen treibt. Hieraus lässt sich ein weiteres zentrales Moment ableiten, und zwar das der äußeren Zweckfreiheit. Sinn und Zweck des Spiels sind immer innerhalb der Spielwelt verankert, dies bedeutet, dass es frei ist von weltlichen Problemen, selbst wenn sich solche als Elemente des Spiels manifestieren. Das wiederum führt zu einem weiteren Moment des Spiels: Es ist nicht gewöhnlich und nicht alltäglich, es tritt aus dem eigentlichen Leben heraus, daher liegen die Ziele außerhalb des materiellen Interesses[29] (zumindest ist dies bei Kindern meistens so, bei Glücksspielen für Erwachsene kann diese Charakteristik eine Metamorphose widerfahren). Bestmöglich wird diese Eigenschaft durch die plakative Phrase *Spiel ist nicht ernst* beschrieben.[30] Drittens ist das Spiel abgeschlossen und begrenzt, es hat seinen Verlauf und Sinn in sich selbst[31]. Die wichtigsten Grenzen sind die zeitlichen und die räumlichen Grenzen, wobei das zeitliche Limit einfach als Spielzeit umschrieben werden kann. Der Raum des Spieles ist der Spielplatz, auf welchem das Spiel stattfindet; ein Spielbrett, ein Spielfeld oder auch ein Kinderzimmerteppich könnten als Spielraum definiert werden. Innerhalb dieser Grenzen gelten a priori festgelegte Regeln, welche die komplette Spielwelt formen und bestimmen. Regeln determinieren demzufolge die Ordnung der Spielwelt.[32]

---

[26] Huizinga, Johan: "Homo Ludens. Vom Ursprung der Kultur im Spiel". Hamburg 1956.
[27] Vgl. ebd., S. 9.
[28] Vgl. ebd., S. 16.
[29] Vgl. ebd., S. 16ff.
[30] Vgl. Scheuerl, Hans: „Das Spiel. Untersuchungen über sein Wesen, seine pädagogischen Möglichkeiten und Grenzen". Weinheim; Berlin 1968, S. 71.
[31] Vgl. Huizinga: Homo Ludens, S. 18f.
[32] Vgl. ebd., S. 19.

„Jedes Spiel hat seine eigenen Regeln. Sie bestimmen, was innerhalb der zeitweiligen Welt, die es herausgetrennt hat, gelten soll. Die Regeln eines Spiels sind unbedingt bindend und dulden keinen Zweifel. [...] Sobald die Regeln übertreten werden, stürzt die Spielwelt zusammen. Dann ist es aus mit dem Spiel."[33]

Viertens sind Spiele wiederholbar, sie können immer wieder reproduziert und erneut gespielt werden. Die letzte essentielle Charakteristik ist das *Spannungselement*[34], es fertigt eine Form der Ungewissheit und der Chance, was das Streben nach Entspannung aufrecht hält. Etwas muss *glücken* oder *geschafft werden*, sodass das Spiel seinen Fortbestand hat.

In einem Satz definiert Huizinga:

„Spiel ist eine freiwillige Handlung oder Beschäftigung, die innerhalb gewisser festgesetzter Grenzen von Zeit und Raum nach freiwillig angenommenen, aber unbedingt bindenden Regeln verrichtet wird, ihr Ziel in sich selber hat und begleitet wird von einem Gefühl der Spannung und Freude und einem Bewusstsein des ,Andersseins' als das ,gewöhnliche Leben'."[35]

In Bezug auf das Spiel mit Playmobil® lassen sich diese Eigenschaften wiederfinden. So spielen Kinder freiwillig mit den Kunststofffiguren (auch wenn die Frage gestellt werden könnte, wie freiwillig das Kind handelt, wenn es beispielsweise Playmobil® geschenkt bekommen hat; diese soziale Form des Determinismus soll hier jedoch keine Rolle spielen), sie entschließen sich, eine Tätigkeit zu praktizieren, die aus dem *alltäglichen* Leben herausfällt, sie definieren Regeln und Grenzen (auch wenn diese nicht immer ausgesprochen werden, sind die Grenzen und Regeln festgelegt, so ist z.B. „ab jetzt" Spielzeit und die Regeln treten in Kraft). Selbst die Wiederholbarkeit steckt in dieser Form des Spiels, ungeachtet dessen, dass diese Form kein streng definiertes Brettspiel ist, könnte Familie, Bauarbeiter oder eine spezielle Schlacht gespielt werden, dessen Ablauf eine Wiederholung ist. Gleichfalls werden Spannungselemente in das Spiel eingebaut, Konflikte und Probleme werden generiert und wieder gelöst. Beschreiben lässt sich dies mit dem *Aktivierungszirkel*, eines der Merkmale des Spielens, die Heinz Heckhausen herausgearbeitet hat.[36] Der *Aktivierungszirkel* ist ein Merkmal des Spiels, das die permanente Transition von Spannung und Lösung beschreibt. Er führt zu einem allgemeinen Spannungsabbau, da das Affekteleben im Spiel um einen mittleren Spannungsgrad pendelt, „sodass weder Langeweile noch der

---

[33] Vgl. ebd., S. 20.
[34] Vgl. ebd.
[35] Ebd., S. 37.
[36] Vgl. Runkel, Gunter: „Das Spiel in der Gesellschaft". Münster 2003, S. 10.

Affekt zu stark werden, was vom Individuum als angenehm empfunden wird"[37]. Dieser stets wiederkehrende Prozess charakterisiert das Spiel in Bezug auf seine (Wieder-) Belebung von Spannungen und deren Lösungen.

Spiele in ihrer Klassifikation

Spiel sollte nun hinreichend charakterisiert sein, doch welche Ausprägungen Spiele in ihrer Struktur haben können und wie sie sich klassifizieren lassen, sollte genauer in Augenschein genommen werden. Hier kann uns Roger Caillois weiterhelfen, der in seinem Buch „Die Spiele und die Menschen"[38] einen großen Beitrag über die Einteilung von Spielen geleistet hat. Die anfänglichen Beschreibungen und Bestimmungen differieren nur geringfügig von herkömmlichen Definitionen. So ist Spiel für ihn eine

> „freie, abgetrennte, ungewisse, unproduktive, geregelte und fiktive Tätigkeit. Frei meint hier die freie Entscheidung zum Spiel, abgetrennt beschreibt Begrenzung der Raum- und Zeitverhältnisse. Ungewiss besagt, dass der Ablauf und die Ereignisse nicht determiniert sind, unproduktiv spielt darauf an, dass, abgesehen von den Reichtümern, die innerhalb des Spieles zirkulieren, keine Güter geschaffen werden. Mit geregelt ist der Aufbruch der Alltagsordnung durch Regeln und Konventionen innerhalb des Spieles gemeint und schlussendlich besagt fiktiv, dass das Spiel in einer Art zweiten Wirklichkeit stattfindet."[39]

Regeln und Fiktion verhalten sich hier umgekehrt proportional, sind sogar exklusiv.[40]

> „So gibt es keine, zumindest keine festen und strengen Regeln, um Puppe oder Soldat, Räuber und Gendarm, Pferd, Lokomotive oder Flugzeug zu spielen, also im allgemeinen für jene Spiele, die eine freie Improvisation voraussetzten und deren Hauptanziehungskraft in dem Vergnügen liegt eine Rolle zu spielen (…) obwohl es paradox klingt, würde ich sagen, daß hier die Fiktion … die Regel ersetzt und genau die gleiche Funktion erfüllt"[41]

Hiermit erscheinen die Regeln in einem ganz anderen Lichte. Das „als ob" im Rollenspiel, man tut so, als ob man jemand oder etwas anderes wäre, substituiert die Regeln oder besser: nimmt ihren Platz ein, sodass diese nicht mehr vorhanden sind. Diese

---

[37] Ebd., S. 10.
[38] Caillois, Roger: „Die Spiele und die Menschen. Maske und Rausch". Frankfurt a.M.; Berlin, Wien 1982.
[39] Vgl. ebd., S. 16.
[40] Vgl. ebd., S. 15.
[41] Ebd., S. 14f.

Ausprägungen haben den einen Trennungsmechanismus inne, der das Spiel von der Realität absondert[42].

Da diese Bestimmungen allesamt rein formal sind, kann durch sie nichts über die Inhalte von Spielen ausgesagt werden. Um aber genau dies zu tun, bedient sich Caillois eines Schemas der Einteilung des Spiels in vier Grundkategorien, die wiederum innerhalb einer Varianz von zwei Merkmalen liegen können[43]. Diese Kategorien sind agôn (Wettkampf), alea (Zufall, Glück), mimicry (Maskierung) und ilinx (Rausch). Jedes Spiel ist mindestens einer oder mehreren Kategorien zuzuordnen.

Agôn ist immer eine Form des Wettstreits, bei der die Überlegenheit einer Person oder einer Partei zentral ist. In der Anfangssituation muss für eine (künstliche) Gleichheit der Chancen gesorgt sein. Die meisten Sportspiele fallen in diese Kategorie.

Alea manifestiert sich in Glücksspielen, es geht mehr darum, das Schicksal denn einen Gegner zu bezwingen. Der Sieger wird durch das Schicksal besiegelt und ist daher der von Fortuna begünstigtere. Spieler sind hier tendenziell passiver, eigenes Geschick ist sekundär. Gemeinsam mit agôn ist jedoch die Gleichheit der Ausgangschancen, die gewährleistet sein muss.

Mimicry ist die Maskierung, der Spieler tritt in ein fiktives Universum ein und wird zu einer illusionären Figur. Es scheint, *als ob* er jemand oder etwas anderes wäre und täuscht somit eine andere Persönlichkeit vor. Dieses Element lässt sich sowohl sehr häufig beim Spiel der Kinder finden, als auch beim Spiel der Erwachsenen, wie beispielsweise beim Theater.

Die letzte Kategorie ist ilinx, bei Spielen dieser Art wird ein „organischer Zustand der Verwirrung und des außer sich seins"[44] herbeigeführt. Es geht darum, die Stabilität zu stören und eine Form der Betäubung zu generieren. Beobachtbar ist dies bei Kindern, die sich um die eigene Achse drehen und drehen und drehen, um das Gleichgewicht zu verlieren und einen Rausch zu erleben.

Über diese vier Grundkategorien ist eine bipolare Ausprägung gespannt, die sich in jedem Spiel spezifisch manifestiert.[45] Auf der einen Seite ist das Prinzip *paida* und auf der entgegengesetzten Seite das Prinzip *ludus* vorherrschend. *Paida* beschreibt die Ausgelassenheit, das Vergnügen und die spontane Manifestation des Spieltriebes, in der Platz für freie Improvisation ist, wohingegen das Prinzip *ludus* erschwerende Regeln und Konventionen implementiert, die disziplinieren und Kämpfe gegen Hin-

---

[42] Vgl. ebd., S. 15.
[43] Vgl. ebd., S. 18ff.
[44] Ebd., S. 32.
[45] Vgl. ebd., S. 19f, S. 36ff.

dernisse gebieten. So lassen sich in jeder Kategorie Spiele finden, die mehr freie Improvisation ermöglichen und solche, die reglementiert und drakonisch sind. Das Spiel mit Playmobil® ist demnach, da wir es als eine Form des Rollenspiels charakterisieren, nicht *geregelt*, da es fiktiv ist. Des Weiteren ist es hauptsächlich in der Kategorie *Mimicry* einzuordnen, da die symbolbehafteten Figuren stets für Rollen und Subjekte stehen, die übernommen und gespielt werden. Möglich ist, dass, je nach Spiel (alleine mit den Figuren oder zu zweit), *agôn* mit im Spiel ist. Vorstellbar wäre hier eine Schlacht, die von Kindern ausgetragen wird, beispielsweise eine Ritterschlacht oder Indianer gegen Cowboys. Dass bei dieser Form des Spiels das Prinzip *paida* hegemonial ist, bedarf wohl keiner weiteren Erläuterung, denn Regeln sind in diesem Falle, wie oben geschildert, durch die Fiktion und die übernommenen Rollen ersetzt. In der Terminologie von George H. Mead wäre *paida* dem *play* und *ludus* dem *game* zuzuordnen.

Play – Mobil

Spielen wir Playmobil®! Die Ausführungen können sowohl einer Analyse des Spiels dienlich, als auch spielanleitend sein. Denn was mit Playmobil möglich ist und was nicht, ist nun greifbar. Das Play aus dem Namen der Figuren könnte im Imperativ als Aufforderung des Losspielens verstanden werden. Dieses Losspielen deklariert eine Tätigkeit, hinsichtlich seiner mindestens zeitlichen Begrenzung, als Spiel. Und zwar als ein Spiel mit etwas. Hier fänden wir nach Buytendijk die Bindung zum Objekt Playmobil®. Das Kind wäre in *pathischer* Haltung den Figuren gegenüber und begänne zu spielen. Es spielte, was immer die Figuren hergäben oder nach was sie aussähen; die Figuren würden zu Symbolen, zu semantischen Objekten des kindlichen Spiels. Da sich in spontaner Weise der Spieltrieb manifestierte, würden hier nach Mead im Bereich des *play* Rollen übernommen und in einer nicht reglementierten Weise gespielt. Je nach Alter wären die gespielten Rollen stabil und konsistent in Bezug auf ihre rollenspezifischen Reiz-Reaktions-Muster, die durch das Spiel internalisiert würden. In Caillois Terminologie ordneten wir dieses Spiel zum einen *paida* und zum anderen der Kategorie *mimicry* zu, da sowohl freie Improvisation, Freude und Spontaneität als auch Maskierung durch die Übernahme einer Rolle zu finden wären. Das Kind täte, als ob es jemand anderes in einem fiktiven Raum wäre. Die von manchen Definitionen des Spiels geforderten Regeln würden durch die Exklusivität der Fiktion ersetzt. Der Spielverlauf wäre der Fantasie des Kindes ausgesetzt, so dass keine Regeln notwendig wären. Wäre das Kind jünger, also in einer sensomotorischen Phase, so spielte es mit den Figuren auf rein motorische Art, ganz ohne Symbolik, Semantik oder Regeln.

Und dies alles ist nicht fixiert auf einen Raum, sondern ungebunden und mobil. Dieses Spielvergnügen ist überall dort möglich, wo die kleinen transportablen Figuren anzutreffen sind oder mithingenommen werden, ganz nach dem Motto: Spiel! immer und überall, wo es möglich ist, mobil.

Quellenverzeichnis

Buytendijk, Frederik J.J.: „Wesen und Sinn des Spiels: Das Spielen des Menschen und der Tiere als Erscheinungsform der Lebenstriebe". Berlin 1933.

Caillois, Roger: „Die Spiele und die Menschen. Maske und Rausch". Frankfurt a.M.; Berlin; Wien 1982.

Huizinga, Johan: „Homo Ludens. Vom Ursprung der Kultur im Spiel". Hamburg 1956.

Mead, George H.: „Geist, Identität und Gesellschaft. Aus der Sicht des Sozialbehaviorismus". Frankfurt a. M. 1968.

Piaget, Jean: „Nachahmung Spiel und Traum. Die Entwicklung der Symbolfunktion beim Kinde". Stuttgart 1996.

Runkel, Gunter: „Das Spiel in der Gesellschaft". Münster 2003.

Scheuerl, Hans: „Das Spiel. Untersuchungen über sein Wesen, seine pädagogischen Möglichkeiten und Grenzen". Weinheim; Berlin 1968.

Scheuerl, Hans: „Beiträge zur Theorie des Spiels", in: Blochmann, Elisabeth et.al. (Hg.): „In: Kleine pädagogische Texte". Weinheim 1966.

Interview mit einem neunjährigen Mädchen aus Zweibrücken

Die Figuren sind bunt, freundlich, fantasievoll und vielfältig. Sie wecken Begeisterung und Kreativität. ... weil Playmobil eigentlich alles kann, findet ein 9-jähriges Mädchen.

Frage: Was gefällt dir an Playmobil?
Kind: Eigentlich alles.

Frage: Warum spielst du gerne mit Playmobil?
Kind: Weil man alles damit spielen kann.

Frage: Was spielst du am liebsten mit deinem Playmobil?
Kind: Ich spiele am liebsten Familie.

Frage: Was ist denn der Unterschied zwischen Playmobilfiguren und anderem Spielzeug wie zum Beispiel Lego?
Kind: Man kann mehr damit machen und mehr damit spielen (mit Playmobil). Die Figuren sind bei Playmobil schon dabei und Lego hat nicht so viele Figuren.

Frage: Und was ist der Unterschied zwischen Playmobilfiguren und Puppen?
Kind: Playmobil ist cooler!

Frage: Hast du eine Lieblingsfigur? Wie sieht die denn aus?
Kind: Ich habe eigentlich gar keine Lieblingsfigur.

Frage: Wenn du dir eine ganz neue Playmobilfigur ausdenken könntest, welche wäre das? Wie sähe sie aus?
Kind: Sie hätte braune, lockige Haare und sie wäre eine Frau. Sie hätte einen roten Pullover an und blaue Jeans und große, braune Stiefel. Sie wäre Lehrerin.

Frage: Gibt es Playmobil, mit dem nur Mädchen und welches, mit dem nur Jungen spielen dürfen, oder ist das egal?
Kind: Ich denke, jeder darf mit allem spielen.

Frage: Was hättest du gerne noch von Playmobil?
Kind: Ich hätte gerne das Playmobilhaus – das kleine oder das große.

Frage: Gibt es etwas, das du an Playmobil gar nicht magst?
Kind: Ja. Ich mag nicht, dass man die Arme nicht so viel bewegen kann und die Beine auch nicht. Ich mag auch nicht, dass man die Knie nicht krumm machen kann und dass man die Beine nicht einzeln bewegen kann. Ich mag auch nicht, dass man die Arme nicht seitlich nach oben machen kann. Was ich auch nicht mag ist, dass man die Figur nicht auf die Seite drehen kann mit dem Oberkörper. Und ich mag nicht, dass die Playmobilmännchen so leicht umfallen.

Super! Vielen Dank, dass du mitgemacht hast!

Das Interview führte Hannah Köpper

Hannah Köpper

„Ich bin Ritter, kein Pirat!"
Modernisierungsaspekte, Individualisierung, Differenzierung und Pluralisierung von Lebensstilen im Spielzeug Playmobil®

Abbildung 1: Pirat, Artikelnr. 4767, Neuheit 2012

„Ich bin Ritter, kein Pirat!"; dies ist ein Satz, der mir immer wieder in meiner Kindheit im Spielen begegnete. Er ist Ausdruck der Selbstidentifikation des Spielenden mit seiner Rolle. Diese Rollen existieren aber nicht nur im Spiel, sondern gleicherweise im Alltag. Die Rolle, die ein Mensch einnimmt, ist in der Moderne von Individualisierung, Differenzierung und einer Pluralisierung von Lebensstilen gekennzeichnet. Diese Aspekte der Modernisierung sind eng miteinander verwoben und wachsen stetig an. Man begegnet ihnen nicht nur in Betrachtung der modernen Arbeitswelt oder Globalisierung, auch in kleine Teile des alltäglichen Lebens sind sie vorgedrungen.
In diesem Artikel werden Individualisierung, Pluralisierung von Lebensstilen und Differenzierung beim Spielzeug Playmobil und dessen Entwicklung in den Fokus der Beobachtung und Analyse rücken. Es geht um das Aufzeigen einer Funktion der kleinen Figuren als Projektionsfläche der genannten Dynamiken, die eine Veränderung der Gesellschaft vorantreiben.

Die Prozesse

Hinter den drei Begriffen Individualisierung, Differenzierung und Pluralisierung von Lebensstilen steht ein weites, verwobenes und in die Entwicklung der Gesellschaft und ihrer Formen hineinwirkendes Mechanismusnetz. Um die genaue Bedeutung der drei Begrifflichkeiten sowie ihr Wechselverhältnis zu erfassen, bedarf es einer einzelnen und genauen Klärung.

Alle drei Begriffe sind dem Oberbegriff Modernisierung zuzuordnen. Nach Zapf ist Modernisierung „die Entwicklung von einfachen und armen Agrargesellschaften zu komplexen, differenzierten und reichen Industriegesellschaften, die nach innen und außen ein bestimmtes Maß an Selbssteuerungsfähigkeit besitzen."[1] Bendix gibt gegenüber Zapf genauere Zeitpunkte in seiner Definition an. Er formuliert: „Unter Modernisierung verstehe ich einen Typus des sozialen Wandels, der seinen Ursprung in der englischen industriellen Revolution von 1760-1830 und in der politischen Französischen Revolution von 1789-1794 hat [...] Modernisierung [...] besteht im wirtschaftlichen und politischen Fortschritt einiger Pioniergesellschaften und den darauf folgenden Wandlungsprozessen der Nachzügler."[2] Degele und Dries führen in der aktuellen Debatte ein acht Modernisierungsdimensionen umfassendes Schema an. Diese Dimensionen sind Rationalisierung, Differenzierung, Individualisierung, Domestizierung, Beschleunigung, Integration, Vergeschlechtlichung und Globalisierung. Das Besondere an diesen ist ihr stetes Mitsichführen gegenläufiger Tendenzen.[3] Der Fokus soll im Folgenden auf den Dimensionen Differenzierung und Individualisierung liegen.

Der deutsche Soziologe Ulrich Beck und die Familiensoziologin Elisabeth Beck-Gernsheim erklären Individualisierung als die Auflösung der Lebensformen, die vorgegeben sind oder waren.[4] Der Prozess betrifft die gesamte Gesellschaft. Enge und verwandtschaftliche Verbindungen erfahren eine Substitution durch soziale Netze, die zu ihren Eigenschaften Anonymität und Eigenverantwortung des Individuums

---

[1] Zapf, Wolfgang: „Entwicklung und Sozialstruktur moderner Gesellschaften", in: Korte, Hermann/Schäfer, Bernard (Hg.): „Einführung in Hauptbegriffe der Soziologie". Opladen 1998, S. 180.

[2] Bendix, Reinhard: „Modernisierung in internationaler Perspektive", in: Wolfgang Zapf (Hg.): „Theorien des sozialen Wandels", Köln/Berlin 1970, S.506, S. 510.

[3] Vgl. Degele, Nina/Drieß, Christian: „Modernisierungstheorie". München 2005, S. 23f. Ich werde mich im vorliegenden Artikel auf die Dimensionen Differenzierung und Individualisierung, sowie das in der klassischen Modernisierungstheorie angeführte Merkmal der Pluralisierung von Lebensstilen beschränken.

[4] Vgl. Beck, Ulrich/Beck-Gernsheim, Elisabeth: „Individualisierung in modernen Gesellschaften – Perspektiven und Kontroversen einer subjektorientierten Soziologie", in: Beck, Ulrich/ Beck-Gernsheim, Elisabeth (Hg.): Riskante Freiheiten. Frankfurt a. M. 1994, S. 11.

zählen. Einher geht dieser Prozess der Freisetzung mit einer stetigen Pluralisierung der Stile und Formen von Leben.[5] Die Individualisierung gilt einerseits als „Voraussetzung des modernen Lebens"[6] und bedeutet andererseits mit ihrer Funktion der Freisetzung ein Auftreten und eine Konfrontation mit neuen Zwängen, Anforderungen, Herausforderungen.[7] In einer Zeit, geprägt durch steigende Selbstverantwortung und Freiheiten für das Individuum sowie immer mehr Überforderung und Isolation,[8] erfahren Gesellschaft und Individuum den Individualisierungsprozess in drei Weisen. Nach Beck sind dies die Freisetzungsdimension, Entzauberungsdimension und Kontroll- bzw. Reintegrationsdimension. Diese umfassen die Herauslösung aus den vorgegebenen Lebensformen, den Verlust von mit diesen verbundenen Sicherheiten und die soziale Reintegration.[9] Weiterhin unterscheidet Beck die Moderne in eine erste und eine zweite. Die erste Moderne umfasste ein Beseitigen vormoderner Sozialverhältnisse und deren Substitution. In diesem Zusammenhang begann die funktionale Differenzierung und das Mensch-Gesellschaft-Verhältnis unterlag einer Neuformung.[10] Auf die erste reagierend folgte die zweite Modernisierung. Sie stellt deren Folgeprobleme in den Fokus und unter Bearbeitung. Beide Modernen sind jedoch nicht absolut nebeneinander oder nacheinander zu denken. Bette schreibt dazu: „Das Verhältnis der beiden Modernen ist nicht als ein striktes Nebeneinander oder Nacheinander gemeint. In denjenigen Gesellschaftsbereichen, wo die >>erste Moderne<< sich besonders früh durchsetzte, begann auch die >>zweite Moderne<< entsprechend früh, während in anderen Handlungsfeldern noch nicht einmal die >>erste Moderne<< angefangen hat."[11]

---

5   Vgl. Degele/Drieß: „Modernisierungsstheorie", S. 73.
6   Zapf, Wolfgang: „Entwicklung und Sozialstruktur moderner Gesellschaften", in: Korte, Hermann/Schäfer, Bernard (Hg.): „Einführung in Hauptbegriffe der Soziologie". Opladen, 1998, S. 188.
7   Vgl. ebd. S. 73 und S. 85: Daraus folgt, dass das Individuum mit Fortschreiten des Individualisierungsprozess eine Reflexivität auf sich selbst erfährt.
8   Vgl. ebd. S. 85.
9   Vgl. Degele/Drieß: „Modernisierungstheorie", S. 86.
10 Die erste Moderne erzeugte eine „[...] Distanzierung zwischen Mensch und Natur, verdrängte und zähmte den wilden Körper, löste multifunktionale, diffus miteinander verbundene Sozialgebilde auf, ersetzte diese durch selbstreferentielle, ihrer eigenen Logik folgende Sozialbereiche, dämpfte den Affekthaushalt der Menschen, entzauberte deren Erleben, ließ Arbeitsorganisation und Bürokratien entstehen und erzeugte sowohl Stress als auch Gefühle der Monotonie und Langeweile [...]" (Bette, Karl-Heinrich: „Risikokörper und Abenteuersport", in: Schroer, Markus (Hg.): „Soziologie des Körpers". Frankfurt a. M. 2005, S. 317f.
11 Ebd, S. 318.

Basis und Voraussetzung der Individualisierung ist, nach Georg Simmel, die Differenzierung. Sie meint die „Entstehung neuer Einheiten durch Aufspaltung eines ursprünglichen Ganzen im Sinne einer Spezialisierung.[12] Grund dafür ist, dass sich durch Spezialisierung und Arbeitsteilung homogener Gruppen diese differenzieren und individualisieren, womit auch eine Individualisierung ihrer Teile einhergeht.[13] Er zeigt weiterhin das Steigerungsverhältnis auf, in dem die Aspekte zueinander stehen und arbeitet zwei Etappen heraus. Die erste umfasst eine quantitative Wirkung der Arbeitsteilung, die eine qualitative Unterscheidung integriert. Im zweiten Schritt steigt die Funktionalität der Differenzierung.[14]

In den Theorien Karl Marx', Emile Durkheims und Max Webers bedeutet Differenzierung für die moderne Gesellschaft das Entstehen von Institutionen, Handlungsfeldern und Teilbereichen, die sich durch ihre Spezialisierung auf bestimmte Aufgabenerfüllung auszeichnen. Herbert Spencer, der als erster die Theorie der Differenzierung erläuterte, sieht deren Ursache in einem Ansteigen der Bevölkerungsdichte. In deren Folge steht eine Expansion wechselseitiger Abhängigkeit in Kombination mit steigender Arbeitsteilung und Spezialisierung.[15] Sein Zugang unterscheidet sich von denen der bereits genannten Theoretiker.

Auf Differenzierung und Individualisierungsprozess basierte in der Folge eines Fortschreitens derselben eine Pluralisierung von Lebensstilen, die auf der durch die beiden genannten Modernisierungsaspekte hervorgerufenen Vielzahl an Wahlmöglichkeiten und deren Kombinationen beruht. Das Individuum wird dahingehend entlastet, dass es zwischen vielen vorhandenen Rollenmodellen und Stilmitteln frei wählen kann. Gegenüber dieser Befreiungsfunktion steht jedoch, dass dies auch als neue Art der Belastung und Quelle des Konflikts fungiert.[16]

Differenzierung, Individualisierung und Pluralisierung von Lebensstilen ermöglichen somit im Positiven Kraftersparnis, steigende Wahlmöglichkeiten, Entlastung und steigende individuelle Freiheiten. Demgegenüber stehen die Nachteile der gesteigerten Selbstverantwortung, des Aufsichselbstgestelltseins, der gesteigerten Isolation und Überforderung, der Verlust traditioneller Sicherheiten, neue Arten der Be-

---

[12]   Degele/Drieß: „Modernisierungstheorie", S. 46.
[13]   Vgl. ebd. S. 78.
[14]   Vgl. ebd. S. 79, Degele und Drieß zeigen auf, dass Differenzierung als ein „Prinzip der Kraftersparnis" wirkt.
[15]   Vgl. ebd. S. 46f.
[16]   Vgl. Zapf: „Entwicklung", S. 189.

lastung und Konfliktquellen sowie neue Zwänge. Diese Gegenüberstellung zeigt den ambivaloxen[17] Charakter der genannten Aspekte.

Der goldene, der schwarze und der silberne Ritter – aus einem werden viele
Betrachtet man sich die Entwicklung der Playmobil-Figuren, wird ihre Eigenschaft als Projektionsfläche gesellschaftlicher Prozesse deutlich. Im Artefakt werden Modernisierungsprozesse wie Individualisierung, Differenzierung und Pluralisierung von Lebensstilen widergespiegelt, manifestiert und konzentriert. Das Spielzeug ist Projektionsfläche für die Erfahrungen und Fantasien derjenigen, die mit ihm spielen – seien es Erwachsene oder Kinder. Playmobil hat schon lange den Bereich der Kinderzimmer verlassen und Einzug in Museen, Kunst, Therapien von Psychologen, Fernsehshows und viele andere Bereiche gehalten. So nutzen Museen Playmobil-Figuren zur Darstellung komplexer Sachverhalte. Ein Beispiel ist das Archäologische Landesmuseum Baden-Württemberg in Konstanz (Ausstellung „Archäologie und Playmobil")[18]. Im Bereich der Therapien werden die Figuren genutzt, da das Spiel einen besseren Zugang zu den Patienten ermöglicht[19]. Als ein letztes Beispiel ist der Entertainer Harald Schmidt zu nennen, der die Klicky-Figuren in dem TV-Format „Die Harald Schmidt Show" zum Nachstellen bestimmter Szenen nutzte. Durch die genannten Beispiele wird deutlich, dass Playmobil als Projektionsfläche und Medium zum Ausdruck von Erfahrungen hilft, die erlebte Modernisierung mit all ihren positiven und negativen Aspekten zu verarbeiten. Dies wird immer mehr möglich, da auch das Spielzeug einen Modernisierungsprozess erfahren hat bzw. erfährt.
Im Jahr 1974 brachte geobra Brandstätter nur drei Figuren auf den Markt – Bauarbeiter, Ritter und Indianer – und deckte damit die Aspekte des Historischen, des Aktuellen und der fremden Kultur ab. Diese konnten durch ihre neutrale Gestaltung in alle möglichen Rollen schlüpfen, die durch das Hinzufügen von Accessoires bestimmt wurde. Obwohl schon innerhalb dieser drei Figuren eine Differenzierung zu

---

[17] Der Begriff „ambivalox" wurde von Nina Degele herausgearbeitet. Er setzt sich zusammen aus den beiden Begriffen „ambivalent" und „paradox" und zeigt, dass die Modernisierungspfade beide Aspekte in sich bergen. Einerseits die Ambivalenz, die sich in ihrer Mehrdeutigkeit äußert, andererseits die Paradoxie, die in der ihnen immanenten Widersprüchlichkeit enthalten ist. Siehe auch: Degele/Drieß: „Modernisierungstheorie", S. 30ff.
[18] Archäologisches Landesmuseum Württemberg: http://www.konstanz.alm-bw.de/index.php?id=6 [Abfrage: 24.04.12].
[19] Vgl. Prystaj (18.03.2003): Thomas hat eine Klinik-Familie. Sozialpädiatrisches Zentrum - Wie Ärzte, Psychologen und Therapeuten die Entwicklung behinderter Kinder fördern. In: Darmstädter Echo, 18.12.2003, Ressort: Lokalredaktion Darmstadt. (http://www.wiso-net.de/ webcgiSTART=A60&DOKV_ B=DECH&DOKV_NO=1497754&DOKV_HS=0&PP=1) [Abfrage: 24.04.12].

erkennen ist, beginnt der fortschreitende Prozess der Differenzierung und der Spezialisierung mit dem Erscheinen weiblicher Figuren 1976. Mit der Einführung der
Geschlechter findet eine Differenzierung in weibliche und männliche Figuren, damit
einhergehend von Rollenmodellen statt; weibliche und männliche Sozialcharakter
werden typisiert. In der Folge erleben die Figuren eine erste, einen Neutralitätsverlust
implizierende Zuschreibung. Weitere Differenzierungen sind 1978 die Unterscheidung durch Hautfarbe (die erste dunkelhäutige Figur erscheint) sowie 1981, 1983
und 1984 die Unterscheidung durch Alter mit der Einführung von Kindern, älteren
Figuren und Säuglingen. Ergänzend schreitet auch die Differenzierung durch Herkunft voran (1990 erscheint die Figur eines chinesischen Kochs). Geschlecht, Alter
und Herkunft bzw. ethnischer Hintergrund sind damit erste Unterscheidungskrite-
rien der Figuren untereinander. Parallel zu dieser Entwicklung werden die „Charaktere" selbst weiterentwickelt und unterliegen damit einer Spezialisierung. Die Hände
werden drehbar gestaltet, weibliche Figuren bekommen weibliche Rundungen, bar-
füßige Figuren, verschiedene Frisuren und Haarfarben erscheinen auf dem Markt.
Ergänzend wird auch das Repertoire der Accessoires immer größer.[20] Aktuell gibt es
alle möglichen Kleiderfarben, Frisuren sowie Gesichtsausdrücke (auch Figuren mit
grimmiger Mimik sind inzwischen erschienen. Die Grundidee des Gesichtes – das
Lächeln – ist beibehalten worden. Das „Grimmige" wird durch die Gestaltung der
Augenbrauen erzeugt) und alle denkbaren Berufe, Lebensbereiche und Epochen werden abgedeckt. Auch gibt es nicht mehr nur beispielsweise den einen Ritter. Aus der
relativ neutralen Ursprungsfigur wurden mehrere verschiedenartige Ritter, die sich
durch Rüstungen, Schwerter, aufgedruckte Wappen etc. unterscheiden. Bezüglich
der Figuren ist kaum noch eine weitere Differenzierung möglich. Zeitgleich ist die
Spezialisierung von Fahrzeugen zu erkennen, deren Design sich an den aktuellen
„richtigen" Autos, Lastwagen, Flugzeuge u. ä. misst. Ein Beispiel findet sich bei den
Polizeiautos. Nach dem Wechsel der Farben der Polizeiuniformen und Wagen von
grün-weiß nach blau-silber/-weiß wurden auch die Farben der Spielzeugvarianten
geändert.

---

[20]   Vgl. Bachmann, Felicitas: „30 Jahre Playmobil®". Königswinter 2004.

Abbildung 2: Polizeiauto, Freisteller, Neuheit 2012, Quelle: Playmobil

Nachdem die Figuren eine nahezu vollständige Ausdifferenzierung und Spezialisierung erfahren haben, setzt dieser Prozess an den im Spielzeug abgebildeten Artefakten und Tieren an. Die Hundefigur, die alle Hunderassen abbildet, erfährt eine Substituierung durch mehrere unterschiedliche Hundefiguren, die jeweils eine einzelne Rasse abbilden. Gleiches gilt für die Pferdefigur. Seit Januar 2012 sind die folgenden Hunderassen mit Welpen im Sortiment erhältlich: Golden Retriever-Famile, Dogge mit Welpe, Schäferhündin mit Welpen, Dalmatiner-Familie, Border Collie-Familie, Berner Sennenhund-Familie.[21] Bei den Pferden sind es Knabstrupper, Shire Horse, Haflinger, Trakehner, Deutsches Sportpferd und Araber.[22]
Der Differenzierungsprozess ist von Anfang an durch das Konzept des Systemspielzeugs determiniert. Dieses sieht vor, immer weitere Ergänzungen zum bereits vorhandenen Spielzeug zu entwerfen. Implizit geht damit das „Prinzip der Kraftersparnis" einher – nicht nur für den Hersteller, auch für den Kunden. Der Hersteller des Systemspielzeuges spart Kosten durch ein gleichbleibendes Basiskonzept und erreicht durch dauernde Ergänzungs-Sets eine Kundenbindung sowie einen festen Kundenstamm. Auf der Seite des Kunden ist der Effekt der Kraftersparnis gering kleiner, er hat die Vorteile, dass eine Erleichterung der Entscheidung für ein Spielzeug durch die vorgegebene Basis, zu der Ergänzungen erworben werden, einfacher wird und eine immer wieder anfallende Neuentscheidung für unterschiedlichste neue Produkte ersetzt wird. Für beide Seiten bedeutet das beschriebene Konzept demnach auch eine gewisse Sicherheit.

---

[21] Playmobil Presseinformation.
[22] Vgl. Playmobil Homepage „Pferderassen": (http://www.playmobil.de/on/demandware. store/Sites-DESite/de_DE/Search- Show?q=Pferderassen&Submit=Go) [Stand der Abfrage: 28.04.12].

Die homogene Figurengruppe bestehend aus den neutralen Figuren Indianer, Bauarbeiter und Ritter, hat sich, wie gezeigt, in der Folge der Entwicklungen ausdifferenziert und spezialisiert, ebenso die Artefakte im Spielzeug, Tiere, Gebäude, Fahrzeuge und andere Bereiche. Damit entspricht die in Playmobil stattfindende und stattgefundene Entwicklung der Modernisierungsdimension Differenzierung.[23]
Mit dem dargestellten Verlauf bildet die Differenzierung Playmobils die Basis für dessen Individualisierung. Durch die Spezialisierung der Figuren und Artefakte wird eine unglaubliche Wahlmöglichkeit geschaffen. Das spielende Kind oder der spielende Erwachsene hat die Möglichkeit auf eine Vielzahl von Figuren zurückzugreifen, die jede für sich eine Rolle verkörpert. Der ambivaloxe Charakter, den der Individualisierungsprozess beinhaltet, bedeutet gegenüber dem positiven und freisetzenden Aspekt der immer weiteren Ergänzung und Ausgestaltung der Figuren und ihrer Welt die negative Folge der Einschränkung und des Zwanges.
Der die gesamte „Gesellschaft des Playmobil" betreffende Prozess bedeutet für die Figuren ein Entfernen von der Orientierung am Traditionellen. Das hat zur Folge, dass eine Figur im Spiel nicht mehr jede beliebige, vom Spielenden ausgewählte Rolle einnehmen kann, denn es gibt durch die Ausdifferenzierung jede denkbare Figur. Wahlmöglichkeit und Festlegung der Figuren auf eine bestimmte Funktion im Spiel hat erzeugenden Zwang zur Orientierung. Das Wechseln der Rollen einer Figur im Spiel und in der Darstellung ist nicht mehr möglich. Daraus ergibt sich, dass für jede Rolle und jeden Charakter im Spielprozess eine entsprechende Figur eingesetzt werden muss. Fehlt diese Figur im Repertoire des Kindes/des Erwachsenen zwingen Individualisierung und Differenzierung zum Kauf einer entsprechenden – die Festlegung macht ein Ersetzen durch eine andere Figur beinahe unmöglich. In einer weiteren Konsequenz der Individualisierung erfahren die Figuren selbst – beginnend mit dem Neutralitätsverlust – eine Entzauberung und (wie das Spiel) eine Kontingenz. Die Bedeutung der Verbindung zwischen der Komplexität, die hier durch die beschriebenen Prozesse vorzufinden ist, Selektionszwang und Kontingenz wird durch die Erklärung Luhmanns deutlich: „Komplexität in dem angegebenen Sinne heißt Selektionszwang, Selektionszwang heißt Kontingenz, und Kontingenz heißt Risiko. Jeder komplexe Sachverhalt beruht auf einer Selektion der Relationen zwischen seinen Elementen, die er benutzt, um sich zu qualifizieren und zu erhalten. Die Selektion placiert und qualifiziert die Elemente, obwohl für diese andere Relationierungen möglich wären. Dieses >>auch anders möglich sein<< bezeichnen wir mit dem tra-

---

ditionsreichen Terminus Kontingenz."[24] Zum hier verwendeten Begriff der Komplexität schreibt Luhmann: „Als komplex wollen wir eine zusammenhängende Menge von Elementen bezeichnen, wenn auf Grund immanenter Beschränkungen der
Verknüpfungskapazität der Elemente nicht mehr jedes Element jederzeit mit jedem
anderen verknüpft sein kann."[25] Bezogen auf Playmobil bedeutet die hier beschriebene Komplexität die Einschränkung der Figuren, jederzeit jede erdenkliche Rolle zu
übernehmen einerseits und andererseits die Vielzahl an Figuren, durch die es nicht
mehr möglich ist, alle in ein Spiel mit einzubeziehen, sondern die Auswahl auf eine
Eingrenzung der Figuren und des Dioramas getroffen werden muss. Diese Eingrenzung und Auswahl bedeutet die im ersten Zitat Luhmanns beschriebene Selektion. In
ihrer Folge steht die Kontingenz.

Auf die Funktion der Projektionsfläche und des Mediums wirken die Individualisierung der Figuren sowie ihre Differenzierung durchweg positiv. Durch die Vielfalt des
Spielzeugs und seiner Gestaltungen wird die Komplexität der Umwelt abgebildet.
Dies bewirkt, dass im Spiel mit Playmobil die gemachten Erfahrungen in dieser Umwelt dargestellt und verarbeitet werden können. Erlebte Modernisierungsprozesse
werden im Spiel nachgebildet.

Den Einschränkungen durch den Prozess der Individualisierung und Differenzierung
widerspricht die Serie „ Playmobil-Color".[26] Die Figuren und Tiere der Color-Serie
blieben weiß, in den Packungen befanden sich Stifte zum Anmalen der Figuren. So
blieb es den Kindern überlassen, welches Design ihr Playmobil haben sollte. Der Wi-
derspruch gründet in der Möglichkeit der Selbstgestaltung des Kunden, dem damit
der Ausstieg aus einem Nachkauf- und Ergänzungszwang ermöglicht wurde. Auch die
Kreativität der Spielenden erfuhr eine Förderung. Die Differenzierung und Spezialisierung wurde dem Kunden überlassen. Aktuell zeigt sich das oben genannte positive
Individualisierungsergebnis in der Serie "Playmobil Figures". In Überraschungstüten
sind Playmobilfiguren in Einzelteilen enthalten, die beliebig zusammengesetzt werden können. Auch in diesem Fall bleibt die Selbstgestaltung den Kunden überlassen.
„Dabei gibt es keine festgelegten Rollen, denn die Figuren sind nicht vormontiert.
So kann man nach Lust und Laune alle Körper- und Zubehörteile kombinieren. Der
Astronaut möchte gern einmal in die Ritterrüstung schlüpfen? Die Freiheitsstatue
will sich im Flamencotanz üben? Mit den Playmobil-Figures sind die Möglichkeiten

---

[24]   Luhmann, Niklas: „Soziale Systeme. Grundriß einer allgemeinen Soziologie", Frankfurt a.M.
      1984, S. 47.
[25]   Ebd., S. 46.
[26]   Die Serie erschien erstmals 1979, vgl. http://www.playmobil.de/on/demandware.store/Sites-
      DE-Site/de_DE/Product-Show?pid=3605-A&cgid=1979 [Stand der Abfrage: 01.06.12].

schier unendlich."[27] Ferner wird durch die individuelle und schnelle Zusammen- und Umsteckbarkeit der Figuren der Zwang zur Orientierung aufgehoben. Differenzierung und Individualisierung stehen mit ihren positiven Aspekten und Auswirkungen im Vordergrund.

„Weil eins zum andern passt!"[28] In einem der ersten Leitsprüche Playmobils findet sich Individualisierung und auf ihr basierend die Pluralisierung von Lebensstilen wieder. Georg Simmel beschreibt diesen Vorgang mit seinem Bild der sozialen Kreise und deren Kreuzung. Nach Simmel entsteht und charakterisiert sich Individualität über den Schnittpunkt der sozialen Kreise, in denen sich das Individuum aufhält und an denen es teilnimmt. Im Zuge der Differenzierung im Rahmen der Modernisierung kommt es zu einer Pluralisierung der sozialen Kreise und damit der Möglichkeiten der Kreuzung derselben.

„Die Wahrscheinlichkeit, dieselbe Kombination, sprich: Schnittmenge, noch einmal anzutreffen, sinkt mit jeder neuen Rosine, die man sich herauspickt."[29]. Waren die sozialen Kreise, an denen Personen früher teilnahmen, in etwa dieselben bzw. gab es nur wenige Möglichkeiten der Unterschiede, steht man heute einer Veränderung gegenüber. So ist es denkbar, dass eine Person heute mehr Ähnlichkeiten bezüglich ihres Schnittpunkts und Teilnahme mit einer/m ihm/ihr Unbekannten aufweist als mit dem Bruder oder der Schwester.

In Erscheinung tritt hier ein Prozess, der als Pluralisierung der Lebensstile beschrieben wird und das Ergebnis von Differenzierung und Individualisierung darstellt. In seinem Zusammenhang entsteht für das Individuum die Möglichkeit, seine Individualität durch die jeweilige Teilnahme zu gestalten. Der Leitspruch Playmobils findet sich darin dahingehend wieder, dass für das Individuum im Zuge der Pluralisierung von Lebensstilen alle denkbaren Kombinationsmöglichkeiten der Kreise offen stehen. Durch die Differenzierung und Spezialisierung der Figuren wird das Nachspielen bzw. Erleben dieser (aktiv oder passiv erfahrenen) Pluralisierung möglich gemacht. Es passt eins zum anderen. Die Modernisierungsaspekte zeigen in der Pluralisierung der Lebensstile bezogen auf Playmobil durchweg positive Ergebnisse.

Schlussbetrachtung

Playmobil ist nicht nur ein Spielzeug. Die Figuren sind Spiegelbild unserer Gesellschaft und der in ihr stattfindenden Prozesse. Die Modernisierung hat auch in der Gesellschaft der Playmobil-Figuren stattgefunden. Sie wurde differenziert, speziali-

---

[27] Playmobil Pressemitteilung (2012).
[28] Playmotown: http://www.playmotown.de/main/info.htm [Stand der Abfrage: 01.06.12].
[29] Degele/Drieß: „Modernisierungstheorie", S. 76-85.

siert und individualisiert und ist vom ambivaloxen Charakter der Prozesse ebenso betroffen wie auch deren Folgen ausgesetzt.

Als Spiegelbild und Projektionsfläche helfen die kleinen Figuren, die Prozesse in der Gesellschaft besser zu verstehen, aber auch bei deren Darstellung, Abbildung und Verarbeitung. Es lässt sich also nur zustimmen, wenn es heißt:

„PLAYMOBIL® – die ganze Welt im Spielformat"[30]

---

[30] Playmobil Presseinformationen (2008).

Quellenverzeichnis

„Pferderassen": http://www.playmobil.de/on/demandware.store/sites-DESite/ de_ DE/Search- Show?q=Pferderassen&Submit=Go [Stand der Abfrage: 28.04.12].

Archäologisches Landesmuseum Baden-Württemberg: http://www.konstanz.alm-bw.de/index.php?id=6 [Stand der Abfrage: 24.04.12].

Bachmann, Felicitas: „30 Jahre Playmobil®". Königswinter 2004.

Beck, Ulrich/ Beck-Gernsheim, Elisabeth: „Individualisierung in modernen Gesellschaften – Perspektiven und Kontroversen einer subjektorientierten Soziologie", in: Beck, Ulrich/ Beck-Gernsheim, Elisabeth (Hg.): „Riskante Freiheiten", Frankfurt a. M. 1994.

Beck, Ulrich/ Beck-Gernsheim, Elisabeth (Hg.): „Riskante Freiheiten", Frankfurt a. M. 1994.

Bendix, Reinhard: „Modernisierung in internationaler Perspektive", in: Wolfgang Zapf (Hg.): „Theorien des sozialen Wandels", Köln/Berlin 1970.

Bette, Karl-Heinrich: „Risikokörper und Abenteuersport", in: Schroer, Markus (Hg.): „Soziologie des Körpers", Frankfurt a. M. 2005.

Degele, Nina/ Drieß, Christian: „Modernisierungstheorie", München 2005.

Geissler, Birgit/ Oechsle, Mechthild: „Lebensplanung als Konstruktion: Biographische Dilemmata und Lebenslauf-Entwürfe junger Frauen", in: Beck, Ulrich/ Beck-Gernsheim, Elisabeth (Hg.): „Riskante Freiheiten", Frankfurt a. M. 2004.

Luhmann, Niklas: „Soziale Systeme. Grundriß einer allgemeinen Soziologie", Frankfurt a.M. 1984.

Luhmann, Niklas: „Copierte Existenz und Karriere. Zur Herstellung von Individualität", in: Beck, Ulrich/Beck-Gernsheim, Elisabeth (Hg.): „Riskante Freiheiten", Frankfurt a. M. 2004.

Nedelmann, Brigitta: „Georg Simmel (1858-1918)", in: Kaesler, Dirk (Hg.): „Klassiker der Soziologie. Von August Comte bis Alfred Schütz", München 1999, S.128-150.

Playmobil Color: (http://www.playmobil.de/on/demandware.store/Sites-DE-Site/ de_DE/Product-Show?pid=3605-A&cgid=1979) [Stand der Abfrage 01.06.12].

Playmobil Presseinformation (2008): (http://www.playmobil.de/on /demandware. store/Sites-DE-Site/de_DE/Link-Page?cid=PLAYFORMAT) [Stand der Abfrage: 01.06.12].

Playmobil Pressemitteilung (2012): „Hier tanzt die Freiheitsstatue auf dem Surfbrett. Serie 3 der Playmobil-Figures zum Sammeln, Mixen, Kombinieren".

Playmobil Pressemitteilung (2012): „Tierischer Sammelspaß mit den Playmobil Hunderassen".

Playmobil: ([http://www.playmobil.de/on/demandware.store/Sites-DE-Site/de _DE/Link-Page?cid=PLAYFORMAT) (Stand der Abfrage: 01.06.12].

Playmobil-Presseinformation (2008): (http://www.playmobil.de/on /demandware. store /Sites-DE-Site/de_DE/Link-Page?cid=PLAYFORMAT) [Stand der Abfrage: 01.06.12].

Playmotown: (http://www.playmotown.de/main/info.htm) [Stand der Abfrage: 01.06.12].

Darmstädter Echo, 18.12.2003: „Thomas hat eine Klinik-Familie. Sozialpädiatrisches Zentrum - Wie Ärzte, Psychologen und Therapeuten die Entwicklung behinderter Kinder fördern." (Prystaj): (http://www. wiso-net.de/webcgiSTART= A60&DOKV_ DB=DECH&DOKV_ NO=1497754&DOKV_HS=0&PP=1)   [Stand der Abfrage: 24.04.12].

Simmel, Georg: „Soziologie. Untersuchung über die Formen der Vergesellschaftung", in: Rammsted, Otthein: „Georg Simmel. Gesamtausgabe" (Band 11), Frankfurt a. M. 1992.

Zapf, Wolfgang: „Entwicklung und Sozialstruktur moderner Gesellschaften", in: Korte, Hermann/Schäfer, Bernard (Hg.). „Einführung in Hauptbegriffe der Soziologie", Opladen 1998.

Zapf, Wolfgang: „Entwicklung und Zukunft moderner Gesellschaften seit den 70er Jahren", in: Korte, Hermann/Schäfer, Bernard (Hg.): „Einführung in Hauptbegriffe der Soziologie", Opladen 1998.

Interview mit Andrea Schauer, der Geschäftsführerin der Firma Geobra (Playmobil®)

Für Playmobil stehen die Kinder und ihre Wünsche im Mittelpunkt. Das Spielzeug wächst und verändert sich mit den Kindern, die mit ihm spielen. Begonnen hat die Erfolgsgeschichte der Figuren in Zirndorf, Deutschland, dem Firmensitz der geobra Brandstätter. Wir sprachen mit der Geschäftsführerin Frau Schauer in Zirndorf.

Frage: Frau Schauer, wieso heißt Playmobil eigentlich Playmobil?

Schauer: Ja, das war eine ganz pragmatische Überlegung, die mir überliefert ist. Unser Unternehmer hat sich von Anfang an vorgestellt, dass er die Marke nicht nur in Deutschland, sondern weltweit vermarkten möchte. Und dann hat er nach einer Begrifflichkeit gesucht, die sich in seiner Vorstellung international vermarkten ließe und PLAY – spielen und überall spielen – das ganze klang gut, war einigermaßen gut umsetzbar. So ist es zu der Bezeichnung gekommen. Was sich im Nachhinein als ein kleiner Irrglaube herausgestellt hat, denn es ist gar nicht so, dass man im angelsächsischen Bereich automatisch weiß, wie man das schreibt – dort schreiben uns die Menschen gerne mit e am Schluss: Playmobile. Wenn man nicht Muttersprachler ist, dann stellt man sich manchmal so etwas vor, aber die heutigen Kommunikationsmittel gab es ja noch nicht.

Frage: Könnten Sie uns etwas über die Entstehungsgeschichte von Playmobil erzählen? Wie kam es zu der Erfindung?

Schauer: Der Unternehmer, also Horst Brandstätter, dem unser Unternehmen gehört, hat wohl bauchmäßig gespürt, dass das Thema Kunststoff und intensiver Kunststoffverbrauch mal kritisch werden könnte, lange bevor das tatsächlich dann auch zu einem wirtschaftlichen Ereignis wurde in Form der Ölkrise. Er ist zu seiner Zeit immer viel gereist und hat sich auf seinen Weltreisen Inspirationen geholt: Was machen Andere? Was könnten wir auch machen? In dem Zuge hat er seinem damaligen Mustermacher immer Muster mitgebracht, die er sich hat nachschicken lassen oder wirklich selbst in den Koffer gepackt hat. Und zu einem Zeitpunkt hat er wohl keine Muster gehabt, aber er hat signalisiert: Bei dieser Einzelentwicklung – hier mal einen Traktor oder da mal eine Registrierkasse – da zahlen wir auf die Dauer drauf, weil wir immer Mitbewerber haben werden, die unsere guten, kreativen Ideen kopieren und vielleicht günstiger nachmachen. Ich möchte einmal ein System haben, also mehrere Fahrzeuge – er sprach eher aus der Fahrzeugrichtung kommend – die irgendwie zueinander passen in der Größenordnung. Wenn Figuren drin säßen, wäre das ganz nett; und es soll bitte nicht so groß sein, weil ich etwas verdienen möchte. Das war so das typische Briefing-Gespräch, da hat man nicht groß was notiert, man hat das einfach stattfinden lassen. Und nachdem das alles noch nicht so unter Zeitdruck stand, es war ja noch weit entfernt, zwei, drei Jahre vor der Ölkrise – so habe ich das in Erinnerung – hat sich der Entwickler mal hingesetzt – Mustermacher nannte sich so eine Person damals – der Mustermacher Hans Beck, und sagte dann: Was fange ich jetzt mit der Idee an? So hat er mir das selber erzählt. Für ihn war automatisch klar, er muss sich erst einmal um die Figur kümmern. Und so hat er das auch gemacht. Um die Figur hat er sich gekümmert, hat gesagt: Wie groß könnte die sein – zu groß darf sie nicht sein, damit ich sie in ein Fahrzeug hinein setzen kann? Er hat das ziemlich wörtlich genommen. Also nicht, dass die Figur da drin einfach starr sein soll, sondern wenn man sie reinsetzen möchte, dann muss sie eine gewisse Beweglichkeit haben und ein Lenkrad muss sie auch halten können. Er hat mir das immer so geschildert, dass er das er das sehr aus der Funktionalität im Fahrzeug gesehen hat. Aber das war ihm alles zu komplex mit dem Fahrzeug und er meinte, er müsse das zuerst noch näher einkreisen um die Figur herum, was da alles passieren könnte. Nachdem er das mit dem Greifen und so weiter erfassen wollte, hat er sich so etwas wie eine Schaufel oder wie ein kleineres Schwert überlegt – ich bin mir nicht mehr ganz sicher in welcher Reihenfolge. Er hat dann in der Richtung farblose Muster gebaut, also tatsächlich dreidimensional. Die hat er dann in seiner Schublade gehabt und wenn er wieder Lust hatte, was daran zu machen, hat er ein bisschen weiter dran gearbeitet. Wenn ich mir das vorstelle: Wie die Figuren dann ausgesehen haben, also einfach fahles Plastik, und sie dann ihr Dasein fristeten in der Schublade.

Eines Tages kam der Chef vorbei, die Schublade wurde geöffnet, er guckte drauf und war natürlich vielleicht nicht gleich begeistert, weil er kein Fahrzeug vorfand, sondern einfach nur Figuren. Jetzt gibt es unterschiedliche Sichtweisen der Dinge. Auf jeden Fall hat er schlussendlich wohl gesagt: Naja, also Sie können schon mal daran weiterarbeiten. Aber er hat jetzt nicht gleich irgendwelche Luftsprünge gemacht. Irgendwo parallel in der ganzen Zeit gab es dann die autofreien Sonntage und es wurde immer klarer, dass der Rohstoff explodieren würde. All das, was man sich zur Vermarktung unternehmensseitig vorgestellt hat, war über Nacht eigentlich nicht mehr herstellbar, beziehungsweise nicht zu einem Preis herstellbar, der dann auch vermarktbar war. Die Spielwarenmesse rückte näher. Das waren damals alles große Aufsitzfahrzeuge und alles großvolumig – auch nicht nur Spielwaren, da waren tatsächlich auch Haushaltsprodukte, die wir mitgemacht hatten und Komplexität und Größe der Artikel waren entsprechend. Da blieb ihm an und für sich nur noch eins zu sagen: Hören Sie mal, Herr Beck, Sie haben doch da noch diese Figuren, könnten Sie die präsentabel machen für die Messe? Denn das, was wir uns vorgenommen haben, das wird uns keiner mehr abkaufen. Und das war dann in der Tat eine Nacht-

und Nebelaktion, sich nämlich über die Weihnachtstage bis Anfang Februar aus den rudimentären Figuren ein Sortiment auszudenken mit einer gewissen Vorstellung einer Verpackung. Auch das ging damals noch nicht so flott mit dem Fotografieren und Lithographieren. Das wird immer geschildert, als dass das gerade der Herr Beck – auch durch Unterstützung seiner Frau, die nicht im Unternehmen war, aber einfach half –geschafft hat. Dementsprechend war jeder gespannt oder sehr angespannt, wie denn das aufgenommen werden würde auf der Messe. Und siehe da, leider hat erst einmal gar keiner Hurra und Begeisterung gerufen, sondern es war wohl eher so, dass die Einkäufer gesagt haben: „Figuren gibt's ja schon ganz schön lange, die gibt´s in Fernost und die sind Pfennigprodukte und das soll jetzt hier soundso viel kosten, das wird aber teuer."

Eine Historie über einen Erfolg gab es nicht und dementsprechend war eher Skepsis angesagt. Es war allerdings so, dass an einem der letzten Messetage ein holländischer Großabnehmer an den Stand kam. Das waren immer zwei Menschen, ein Einkäufer und der Firmeneigentümer, und denen hat das irgendwie was gesagt, was sie da gesehen haben. Sie haben immer ein Spielchen gemacht: Jeder hat das Auftragsvolumen in Mark, das sie gerne platzieren würden, für sich auf einen Zettel geschrieben und sich dann gegenseitig die Zettel gezeigt. Wenn sich das Auftragsvolumen weitgehend gedeckt hat, dann haben sie zugeschlagen. Und so war es. Sie hatten eine Million Mark als Auftragssumme platzieren wollen und konnten das abgleichen. Jeder hatte diese Million draufstehen und es war klar, das wird dann gekauft. Das war damals ein Riesenthema. […] Man hatte noch keine Maschinen, um das herzustellen. Man hatte noch nicht die Formen, aber diesen Auftrag. Man wusste, man muss schnell sein. Das war der ursprüngliche Beginn. Da ist ein cleverer Unternehmer wie der Herr Brandstätter dann auf die Idee gekommen und hat gesagt, also wenn da ein Feuer glimmt, warum springen denn die Deutschen überhaupt nicht an. Er hat dann nach der Messe die Einkäufer der großen deutschen Zentralen, Warenhäuser und dergleichen reihenweise angeschrieben. Es war schon so, dass es erste Trendprodukte gab im Spielwarenbereich und man Bedenken hatte als Einkäufer, dass man so einen Trend eventuell verschläft. So hat er dann die Rede darauf gebracht, dass sich doch tatsächlich einer ein großes, fast sogar das gesamte Produktionsvolumen gesichert hat und er möchte ihnen das nur nicht vorenthalten. Nicht, dass es dann hinterher heißt, sie als ansonsten dem Unternehmer verbundener Abnehmer wären da nicht entsprechend informiert worden. Da war dann schon eine gewisse Aufmerksamkeit. Aber in der Tat ging die Ware erst nach Holland und drang dann sukzessive aus der holländischen Ecke in den deutschen Vertriebsraum vor und tatsächlich verkauft bzw. vermarktet im ersten Jahr haben wir dann für drei Millionen Mark.

Frage: Playmobil ist jetzt über 30 Jahre alt. Wie hat sich Playmobil verändert?

Schauer: Ich würde eher sagen: Was hat sich nicht verändert? Das ist die Playmobil-figur, in der wesentlichen Größe, in der Funktionalität. Wir sehen ja, bei Playmobil ist die Figur das Zentrum unseres Universums. Selbstverständlich hat es sich in der Detailausprägung insofern verändert, wie die Kinder sich geändert haben. Sie sind lebendiger geworden, sie sind lauter geworden, sie sind fordernder geworden, sie sind mediengeprägter geworden und genau dem haben wir versucht Rechnung zu tragen. Sie haben klarere Vorstellungen, haben vielleicht auch nicht mehr so viel Abstraktionsvermögen oder auch so viel Zeit und Muße, sich in abstrakte Geschichte hinein zu denken oder aus abstrakten Gegenständen Fantasie entwickeln zu lassen. Dem trägt Playmobil in der Entwicklung auch irgendwo Rechnung. So wie sich die Kinder verändert haben, so hat sich Playmobil mit verändert.

Frage: Wie würden Sie Playmobil als Spielzeug charakterisieren?

Schauer: Wenn mich jemand fragen würde: Was ist neben der Figur der Kern? Dann ist der Kern der Marke Playmobil die Fantasie und die Vorstellung, die sie auslöst, diese Welt in den Köpfen der Kinder, das, was man da so physisch vor sich hat, und das, was man da so alles hineinprojiziert. Das ist ein ständiger Kreislauf. Vor und zurück. Von Hand zu Kopf, von Kopf wieder zu Hand. Das, was ich mit meiner Hand selbst tue, löst offensichtlich in meinem Kopf immer wieder etwas aus, es produziert etwas und das ist diese Fantasie.

Frage: Was ist eigentlich spielen?

Schauer: Das ist, sich eigentlich damit auseinandersetzen, was die Welt so darstellt, also in der Historie, in der Ist-Situation, in der Zukunft, in der Fantasie. Das ist irgendwo ein Versuchen, die Welt zu begreifen, sie zu strukturieren, sie zu ordnen, Erlebtes einzuordnen, aber natürlich auch über das Erlebte hinauszugehen und sich eigene Dinge auszudenken und insofern ein ganz, ganz wichtiger Lernprozess. Es ist etwas, das Spaß macht. Man weiß, dass man bei dem, was Spaß macht, am meisten lernt. Insbesondere lernt man auch, wenn man etwas anfassen kann. Das ist ein wesentlich intensiveres Lernen. Ich glaube, dass das, was Playmobil mittlerweile bietet, diese ganzen Welten, dass ich mir damit interessante Dinge erschließen kann. [...] Ich finde, dass es beim Spielzeug sehr, sehr wichtig ist, dass eine entsprechende Qualität dahinter steht. Sicherheit ist heute ein wichtiges Thema. Es steht aber auch für das Spannungsfeld des Großen und Ganzen. Da gehört eine große Ritterburg genauso dazu wie auch die vielen kleinen Details wie Waffen oder etwas, das die Ritter dann essen, was die Piraten als Schatz finden können usw. Es ist das Spannende des Ich-brauch-das-Große, aber ich kann auch diese kleinen Details haben. Und alles in allem mit der Figur in Kombination regt es mich irgendwo an, mich mit dieser Welt oder mit einer Welt, die ich vielleicht gerne noch hätte, auseinanderzusetzen.

Frage: Welche Wechselwirkungen gibt es eigentlich zwischen gesellschaftlichen Entwicklungen und Playmobil? Zum Beispiel habe ich das Polizeieinsatzkommando gesehen.

Schauer: Und das geht weg wie warme Semmeln. Weil es genau das ist, was die Jungen anscheinend ausdrücken wollen. Sie wollen stark sein, sie wollen den Bösen dingfest machen. Es sind vielleicht Bedrohungen, die sie irgendwo in den Medien wahrnehmen, und da wollen sie in ihrer kleinen Welt Sicherheit schaffen. Da muss es einigermaßen starke Polizisten geben, die den heutigen Gangster auch stellen können. […] Also wir sind uns natürlich durchaus bewusst, dass wenn Playmobil etwas darstellt und wir heute von Auflagen von weit über 100.000 sprechen, dass das auch irgendwo eine Bedeutung hat. Wir versuchen schon, nicht in jedes kleinste Detail etwas hinein zu politisieren oder etwas hinein zu soziologisieren, aber so im Großen und Ganzen, dass der Böse nicht immer ein was-auch-immer sein muss, sondern dass es auch mal eine Frau sein kann, weil es im wirklichen Leben vielleicht auch so ist oder weil man es einfach mal so haben möchte, dass so etwas auch einmal dargestellt wird. Ob wir darauf reagieren? Es ist auch ein Geben und Nehmen, also kann man nicht sagen, was zuerst ist. So stark normativ fühlen wir uns nicht. Andererseits sind wir uns dessen aber immer auch bewusst und wir sind uns bewusst über die Gratwanderung, die wir gehen. Dass wir theoretisch Panzer und Kriegsschiffe und entsprechende Kriegsflugzeuge gut und gerne abbilden könnten, was sicherlich auch wirtschaftlich sehr erfolgreich wäre, denn es ist in der Tat etwas, das Jungen begeistert. Wir tun es aber nicht!

Frage: Welche Philosophie steht hinter dem freundlichen Lächeln der Figuren?

Schauer: Das ist in der Tat etwas, das sehr wichtig ist. Unsere Hauptzielgruppe sind Kinder von drei bis acht Jahren. Wir sind der Meinung, dass da ein gewisses Anrecht da ist, dass die Figur etwas Positives, eine gewisse positive Grundausstrahlung hat. Wir finden da schon Möglichkeiten, zum Beispiel mit einer Maske usw. zu verändern, es gibt auch schon mal den einen oder anderen Bart oder es gibt auch das ein oder andere Wechselgesicht, mal böse, mal gut. Es gibt aber trotz alledem ein gutes Gesicht in der Figur. Es kann hoch hergehen im Spiel – das Hoch-Hergehen findet dann rein in der Fantasie statt, aber es sollte am Anfang und am Schluss immer wieder positiv und freundlich ausgehen. […] Es ist natürlich schon so, dass man, wenn man jetzt so ein SEK-Set anschaut, in der Summe eine gewisse Power oder Stärke spürt, wenn man drei, etwas dunkel gekleidete männliche Figuren sieht. Aber im Kern, wenn man alles wegnimmt, wenn man die Figur so anschaut, ist sie gut. Dann trau ich mich vielleicht auch Geschichten zu spielen, die wirklich auch gefährlich werden, und wenn ich es will, dann sollen sie auch passieren. Aber am Schluss ist alles wieder heil. Und das ist etwas, das der Herr Beck uns sehr ans Herz gelegt hat und über das wir auch heute immer wieder denken, dass es dieser Zielgruppe sehr, sehr gut tut.

Vielen Dank für das Interview!

Das Interview führte Hannah Köpper

Katharina Zeppezauer-Wachauer

Drachenritter und Feenprinzessin. Die kreative Figurenkomposition gespielter Geschichte(n) und ihre Metamorphose

Die nur 7,5 cm kleinen System-Spielzeugfiguren von Playmobil vermögen viele Bedürfnisse zu befriedigen: Sie trainieren die kindliche Feinmotorik, sind ein universelles Patentrezept gegen Langeweile, regen dank ihrer komplex-figürlichen Gestaltung die Fantasie zu regelrechten Höhenflügen an und bevölkern inzwischen gar Computerspiele, Bücher u.v.m.

Über ihren soziologischen, kulturgeschichtlichen und ikonografischen Wirkungsbereich wurde in diesem Sammelband schon in umfassendem Ausmaß geschrieben, dieser Artikel aber soll eine rezeptionsästhetisch-interpretative Auseinandersetzung mit dem playmobilschen Mittelalterbild und dessen Wandel sein.

Seit Playmobil 1974 zum Erfolgsgaranten der Brandstätter-Gruppe wurde (bis heute ist die Firma der umsatzstärkste deutsche Spielwarenhersteller und erzielte 2009 einen weltweiten Umsatz von 474 Millionen Euro[1]), hat sich so manches in der künstlerischen Umsetzung der Ritter- und Prinzessinnenfigürchen getan. Unverändert aber scheinen Kaufinteresse und Kundenwünsche hinsichtlich des prinzipiellen Mittelaltercharakters der Spielfiguren zu sein, denn bereits 1974 wies die noch vergleichsweise kleine Produktionsserie eine beachtliche Anzahl an Ritterfiguren und -zubehör auf. Im Übrigen war der deutsche Playmobil-Hersteller damit dem dänischen Konkurrenten LEGO um vier Jahre voraus: LEGO führte erst 1978 die ersten Ritter ins Sortiment ein – damit allerdings wie Playmobil gleich im ersten Produktionsjahr der heute noch gängigen Spielfiguren (genannt „Minifigs"). Das Spiel mit Rittern und Burgen war ein universell lukratives Geschäft, das keine Zweifel an dem Verkaufserfolg der Produktserien ließ.[2] Die Artikel waren damals wie heute einer schematischen Spielzeug-Stereotypie verpflichtet, die neben zahlreichen Playmobil-Rittern, -Indianern und zwei -Polizisten interessanterweise auch viele -Bauarbeiter beinhaltete. Der Detailreichtum des Zubehörs war eines der frühen Bravourstücke aus dem Hause

---

[1] Vgl. Playmobil Presseinformationen (2008): (http://www.playmobil.at/on/demandware.store/ Sites-AT-Site/de_AT/Link-Page?cid=COMPANYHISTORY2006) und Playmobil Presseinformationen (2010): (http://www.playmobil.at/on/demandware.store/Sites-AT-Site/de_AT/ Link-Page?cid=DATEN10). [Stand der Abfrage: 14.05.2012].

[2] Vgl. Humberg, Christian: „50 Jahre Lego Stein". Königswinter 2008, S. 6ff.

Brandstätter: Neben der Serie „Bau-Zubehör" (Art. 3112-A, 3202-A, z.b. Leitkegel und Schreibtruhen) dominierten ritterliche Requisiten, deren sorgfältige Ausführung heute noch verblüfft. Das „Ritter-Set" von 1974 (Art. 3130-A) bestand nicht nur aus einem gekrönten König und vier Vasallen, sondern auch aus glänzenden Streitäxten, Lanzen, Schildern, Schwertern, roten Umhängen und sogar einem Satz blitzender Teller und Pokale für die Festtafel (Abb. 1).

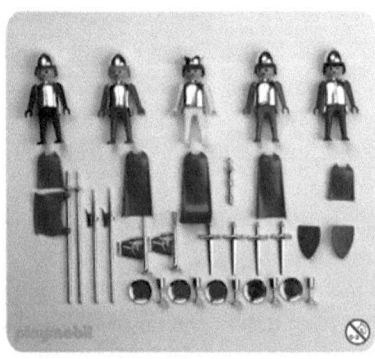

Abbildung 1:„Ritter-Set 3130-A" (1974) (Playmobil-Onlinearchiv auf „www.playmobil.de")

Die Sets „Ritter-Zubehör" (Art. 3131-A, 3262-A) komplettierten die illustre Runde mit Waffenhalter, Tisch und Bänken. Die Pferde (Art. 3132-A, 3270-A) ließen sich praktischerweise für Indianer wie Ritter gleichermaßen verwenden. Bereits ein Jahr später, 1975, fügte die Brandstätter-Gruppe dem Waffenarsenal der Ritter die Armbrust hinzu (Art. 3333-A), der König erhielt einen Thron (Art. 3331-A), eine Schatztruhe (Art. 3334-A) sowie einen Herold mit etwas unorthodoxem, schwarzem „Reichsadler" auf gelbem Grund (Art. 3332-A). Auffällig ist das starke Bemühen um historische Sachlichkeit.

Wenngleich die plastenen Figürchen freilich aufgrund kunden- und produktionsorientierter Gestaltungsvorgaben nicht im geschichtswissenschaftlichen Sinne „authentisch" sein konnten und können, so waren die Hersteller damals doch bestrebt, möglichst realitätsnahe Requisiten zu schaffen.

1976 wurden die ersten weiblichen Mittelalterfiguren eingeführt: Mehrere Edeldamen mit Hennin, jener ursprünglich französischen Kopfbedeckung aus dem 15. Jahrhundert, die mit Hilfe verschiedener populärkulturellen Darstellungsformen zum Sinnbild für „mittelalterliche Burgfräulein" *par excellence* werden sollte (Art. 3263-A, 3336-A). Playmobil und andere rezeptionsästhetische Mittelalter-Ausprägungen der Populärkultur (so etwa das viel getragene Faschingskostüm der Gegenwart) dürften hier dieselben Beweggründe für die Prominenz des Hennins gehabt haben: Er ist auffällig, einfach in der Herstellung und eine markante, geschlechtertheoretische Kennzeichnung – besonders, da die 1976er „Burgfräulein" bis auf den Hennin ihren ebenfalls hosentragenden, männlichen Kollegen noch zum Verwechseln ähnlich sahen (s. Abb. 2).

Abbildung 2: Ritter-Set 3263-A (1976) (Playmobil-Onlinearchiv auf „www.playmobil.de")

Wenngleich die Konzentration auf den französischen Spitzhut einen recht einseitigen Blick auf die eigentlich so vielfältigen, mittelalterlichen Kopfbedeckungen darstellt, nimmt es nicht wunder, dass sich System-Spielzeugfiguren auf ikonische Details wie den Hennin verlassen müssen. Weniger leicht, was ihre geschlechtertypische Verschiedenheit betraf, hatten es etwa König und Königin aus dem Jahr 1976: gleich groß, gleicher Körperbau, gleiche Gesichtsbemalung. Der Versuch einer Unterscheidung beschränkte sich zunächst auf das an ein Kleidchen erinnernde, auswärtsgewölbte Oberhemd der Königin und die prächtige, geschlossene Krone des Königs (s. Abb. 3).

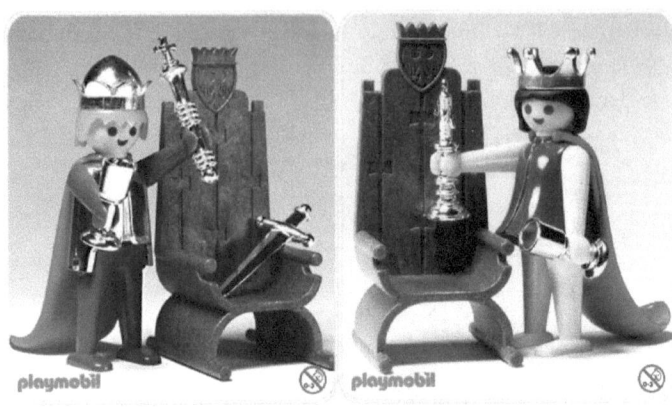

Abbildung 3: König 3331-B und Königin 3335-A (beide 1976)

(Playmobil-Onlinearchiv auf „www.playmobil.de")

Trotz diverser Zugeständnisse, die aufgrund der Einschränkungen durch Produktion und Ökonomie hinsichtlich des Authentizitätswertes gemacht werden mussten, blieb es auch in den Folgejahren bei einer erstaunlich realitätsnahen Umsetzung. 1977 etwa brachte die Brandstätter-Gruppe die Mittelalter-Sets „Stadt-Söldner" (Art. 3291-A und 3409-A), „Stadt-Bürger" (Art. 3292-A und 3410-A) und „Bauern" (Art. 3293-A und 3411-A) auf den Markt, bei denen die den jeweiligen Ständen angehörenden Damen allesamt ihre Häupter züchtig mit den entsprechenden Hauben bedeckten. Es gab dazu passende Utensilien wie „Bürgermöbel" (Art. 3294-A), „Bauerngeräte" (Art. 3297-A) oder den „Ziehbrunnen" mit Holz-Eimerchen zum Tränken der Rösser (Art. 3295-A). Die Wäscherin transportierte ihre Wassereimer mit einem Tragjoch (Art. 3372-A), der Bauer seine Habseligkeiten mit einer Buckelkraxe (Art. 3373-A), der Patrizier führte mit der Schreibfeder Buch (Art. 3375-A), die Patrizierin verstaute einen wertvollen Leuchter in einer der Zeit durchaus angemessenen Holztruhe (Art. 3376-A).

Abbildung 4: Wäscherin/Waschzuber 3372-A, Bauer/Buckelkorb 3373-A, Patrizier/Tisch 3375-A und

Patrizierin/Truhe 3376-A (alle 1977) (Playmobil-Onlinearchiv auf „www.playmobil.de")

Das Jahr 1977 brachte neben der detailreichen Ausgestaltung einzelner Figuren auch die ersten großen Mittelalter-Kulissen hervor. Die Produktion szenischer Räume bzw. breitflächiger Raumbestandteile lässt sich als weiterer Schritt von simplem, illustrierendem Figuren-Dekor (wie etwa die einfachen, roten Umhänge aus dem Jahr 1974) hin zu einer dramatischen Raumgestaltung und komplexeren Spielwelt betrachten. Die Mittelalterbilder wurden wortwörtlich in*szeniert*; ihre außerordentliche Detailtreue erlaubte einerseits ein verbessertes Geschichtsverständnis, andererseits aber kam sie einem Imaginationshemmnis gleich, indem das perfekte Fachwerkhaus (s. Abb. 5) den alten Schuhkarton als Inszenierungsort von Spiel und Spielzeug ersetzte. Die modifizierten Puppenstuben definierten fortan die szenischen Handlungen nicht mehr nur auf lokaler, sondern auch auf temporärer Ebene.

Abbildung 5: Burg 3450-A und Gasthaus Jägerhof/Krone 3448-A (beide 1977)

(Playmobil-Onlinearchiv auf „www.playmobil.de")

Die Produktserie von 1979 brachte mit einem Set spektakulärer „Turnier-Ritter" (Art. 3265-B) die nächste große Neuerung im Bereich der spielfigürlichen Mittelalterrezeption. Schon ganz wie auf den gut besuchten Mittelalterfesten des 21. Jahrhunderts präsentierten sich die damaligen Playmobil-Ritter: mit buntem Federschmuck, Satteldecken in denselben Farben, mit Lanzen, Schwertern, Helmen und Wappen. Waren 1977 noch alltägliche Szenen aus dem Volk vorherrschend, übernahm 1979 langsam das glamouröse Helden-Rittertum eine sprichwörtliche Vorreiterrolle. Auch ein lustiger, bunter Hofnarr auf einem Esel (Art. 3330-A) im typischen Flickengewand und mit Narrenkappe sowie ein Bärenführer mit waschechtem Tanzbären (Art. 3567-A) erweckten stärker den Eindruck einer höfisch-literarischen Glanzwelt denn gewöhnlicher Alltäglichkeit. Die Figuren unterlagen generell einem ästhetischen Wandel, der eine stärkere fantastisch-spielerische Tendenz zur Folge hatte. So fanden sich in den Produktserien ab 1979 auch zahlreiche fröhliche Zirkusszenen, neuartige Safaritiere, Raumfahrzeuge und ähnlich Exotisches mehr.

Auffällig ist zudem, dass auch in den folgenden Jahren kaum mittelalterliche Figuren für Mädchen angeboten wurden, obwohl bereits früh Familien-Sets wie „Mutter/ Kind" (Art. 3597-A) oder „2 Kinder/Sandspielzeug" (Art. 3360-A) ins Sortiment aufgenommen worden waren (die Autorin entschuldigt sich an dieser Stelle für die geschlechterspezifische Einengung, die allerdings auf das Kaufverhalten der Kundinnen und Kunden zurückzuführen ist!).

Die allererste reine Fantasiefigur war das fluoreszierende „Schloßgespenst" (Art. 3317-A) aus dem Jahr 1983, das einen Grundstein legte für eine große Bandbreite an zukünftigen Spukfiguren für Ritterburgen und Schlösser.

In den Jahren 1984-1992 kam es zu keiner nennenswerten Erweiterung des Mittelalter-Sortiments (lediglich 1986 kam das Figurenset „Ritter/2 Knappen", Art. 3329-A, auf den Markt). Die vorrangige Entwicklung von Figuren aus anderen Spieluniversen – Western, Piraten, viele Familienszenen – endete 1993 abrupt mit einer Flut von vollkommen neu designten, auffälligen Ritter- und Königsfiguren, die von der blühenden Fantasy-Fangemeinschaft der frühen 1990er-Jahre inspiriert worden sein dürften. Allerlei für heutige Zeiten typische Mittelalterklischees wurden fortan bedient: Es gab einen „schwarzen" Ritter (Art. 3669-A), einen prachtvollen Turnierplatz mit bunten Wimpeln und Taschentuch schwenkenden Burgfräulein auf der Tribüne (Art. 3652-A) sowie einen düsteren, an J. R. R. Tolkiens „Mordor" gemahnenden Felsenturm (Art. 3665-A).

Abbildung 6: Felsenturm 3665-A (1993) (Playmobil-Onlinearchiv auf „www.playmobil.de")

1994 kamen Robin Hood und seine „Merry Men" – zwar unbenannt[3], doch auch unbestreitbar – zu ihren Gastauftritten (s. Abb. 7). Auch wenn bereits 1975 die erste grüngewandete Spielfigur mit Armbrust das Playmobil-Sortiment bereicherte, so haben dank des populären Films „Robin Hood – König der Diebe" (1991) und dessen Parodie „Robin Hood – Helden in Strumpfhosen" (1993) die kreativ umgesetzten Charaktere der alten Legende in den frühen 1990er Jahren Eingang in die Rezeptionswelt der Kunden gefunden. Der Spielpädagoge Jürgen Fritz geht davon aus, dass System-Spielzeugfiguren und insbesondere Playmobil-Figürchen generell zu „Repetitionsmedien" werden, mit deren Hilfe Kinder lediglich „wiederhol[en], was an Medienwirklichkeit aufgenommen wurde. Die Kinder werden durch Filme und Fernsehen erstinformiert und fasziniert. [...] Mit Hilfe dieser Spielmittel können Kinder simulieren, was an Strukturen und Inhalten in medialen Welten simuliert wird."[4]

Die in diesem Sinne stark medienrezeptive Produkterweiterung von 1994 beinhaltete das „Baumversteck" (Art. 3626-A) mit allerlei bebarteten und mit Pfeil und Bogen bewaffneten Figuren; das „Räubergelage" (Art. 3627-A) inkl. zweier Figürchen, die zweifelsohne an Maid Marian und Bruder Tuck erinnerten; eine mittelalterliche „Jagdgesellschaft" (Art. 3628-A), bei der sogar drei Schweißhunde und ein Jagdfalke komplett mit Falkenhaube mitmachen durften; den „Bogenschützen/Pferd" (Art. 3629-A) mit perfekt geschwungenem Hahnenstoß (einer Zierfeder) als Hutzier; den braun gewandeten Bettelmönch (Art. 3631-A), ein Franziskaner mit Tonsur und Strick (im Unterschied übrigens zu dem Benediktiner mit schwarzem Habit und standesgemäßem Kreuz, der das „Räubergelage" begleitete); den finster dreinblickenden „Strassenräuber" (Art. 3633-A) mit Knüppel und Messer sowie eine Erweiterung des Bärenführers von 1981, der nun als Angehöriger des „Fahrenden Volkes" (Art. 3632-A) eine Ehefrau mit Tamburin und einen Sohn zur Seite gestellt bekam.

---

[3] Erst im Jahr 2000 nennt die Brandstätter-Gruppe eine einzelne Playmobil-Figur „Robin Hood" (Art. 4582-A). Die geschwungene Hahnenfeder, die geschnürte, grüne Weste, der runde Jägerhut, Pfeilköcher und Bogen sind allerdings dieselben geblieben.

[4] Fritz, Jürgen: „Spielzeugwelten. Eine Einführung in die Pädagogik der Spielmittel". Weinheim/München 1989, S. 56.

Abbildung 7: Räubergelage 3627-A und Bettelmönch 3631-A (beide 1994)
(Playmobil-Onlinearchiv auf „www.playmobil.de")

1995 war schließlich das entscheidende Jahr, in dem die Metamorphose vom realitätsnahen Alltagsfigürchen zum Fantasy-Spielzeug uneingeschränkt stattfinden durfte. So entstanden vorrangig der orientalischen Zauberwelt entnommene Spielsets wie „Fliegender Teppich" (Art. 3834-A), „Gute Fee" (Art. 3836-A), „Hexe" (Art. 3838-A), „Magierwerkstatt" mit Flaschengeist (Art. 3839-A) sowie das exotische „Prinzenpaar" mit zierreicher Baby-Wiege (Art. 3835-A) aus Tausendundeiner Nacht. Aus dem Kontext des europäischen Märchen-Mittelalters heraus bereicherten ein weiterer „Schwarzer Ritter" (Art. 4517-A), ein reich verziertes „Königliches Zelt" (Art. 3837-A) und eine „Märchenfee" (Art. 4520-A) das Sortiment, wobei die letzten beiden Figurensets die allem Anschein nach ersten speziell für Mädchen entwickelten Mittelalter-Artikel darstellten.

Die Produktneuerung jedoch, die für die künftige Mittelalterrezeption im brandstätterschen Spielzeug-Universum zweifellos am prägendsten war, war der allererste Playmobil-Drache – gewissermaßen der Vater vieler weiterer Reptiliengenerationen (s. Abb. 8).

Abbildung 8: Drache 3840-A und Märchenfee 4520-A (beide 1995)
(Playmobil-Onlinearchiv auf „www.playmobil.de")

1996 folgte der guten eine „Böse Fee" nach – freilich mit tiefschwarzem Hennin (Art. 4530-A), und im folgenden Jahr bediente die Brandstätter-Gruppe schließlich ein ganzes Bilderrepertoire der mystisch-mittelalterlichen Legendenwelt. Die „Feenquelle" (Art. 3896-A) schien der Märchenrezeption von Disneys „Schneewittchen" ebenso wie den Mythen und Legenden mittelhochdeutscher Artusepik entsprungen zu sein: Ein golden glänzender Ritter, auf dessen Schild ein Einhorn abgebildet ist, reitet auf seinem Schimmel zu einer Waldquelle, wo ihn eine schöne Vilja mit Zauberstab empfängt, die wiederum von einem weißen Einhorn, zwei Rehen, zwei Häschen und einer Enten-Familie umringt wird. Der dergestalt aus Plastik konstruierte *locus amoenus* ist frappant überzeichnet und schlägt in dieselbe glitzernde Kerbe, wie es heute noch „Prinzessin Lillifee" in hohem Maße tut. Populärkultureller Spielzeug-Kitsch als Synonym für Massen- und in diesem Falle Mädchenkultur entwickelte sich über mehrere Ebenen von Ästhetik und Wertsystemen: von der rustikalen Wäschefrau über eine lange Reihe Hennin tragender Burgfräulein bis zu der Zauberstab schwingenden Feenprinzessin. Das Kitschprinzip der plastenen Spielfiguren transportiert auf raffinierte Weise möglichst schnell und simpel die ersehnten Affekte, die sonst nur komplexes Rollenspiel gedachter Welten ermöglicht hätte.
Ähnlich pittoresk waren die Figurensets „Zauberbaum" (Art. 3897-A), „Wurzelkobold" (Art. 3898-A), „Blauer Reiter" (Art. 3899-A), „Feuerzauberer" (Art. 3932-A), „Waldgeist" (Art. 3933), „Druide" (Art. 3944-A) und „Elfe" (Art. 4537-A) aus demselben Jahr. Es wirkt beinahe wie ein ästhetischer Rückschritt, dass sich in derselben Produktserie von 1997 auch ein rotbärtiger „Normanne" (Art. 4540-A) fand, der

mit seinem Klappenrock und der Hörnerhaube[5] zumindest auf den ersten Blick erstaunlich realitätsgetreu erscheinen mochte, obwohl das stereotype Bild des kampfeslustigen Wikingers freilich eher eine kreativ-interpretative Bearbeitung der Figur Halvars von Flake darstellte.

1998 schließlich nahmen pastellfarbene Spielzeugträume Gestalt an: Das romantische „Traumschloss" (Art. 3019-A) war das Prinzessinnen-Pendant zu den finsteren Ritterburgen vergangener Produktserien. Man könnte fast meinen, Schloss Neuschwanstein sei Inspiration für das Spielzeugdesign gewesen, so ähnlich sahen sich das Playmobil-Schloss und der historisierend-utopische Traum einer Ritterburg in Bayern mit ihren zahlreichen Ziertürmchen, Zinnen, Balkonen und Giebeln. Ergänzend zu diesem Burgenhistorismus entworfen wurde allerlei passendes Mobiliar wie das weiß-goldene „Schlafzimmer/Himmelbett" (Art. 3020-A), die „Festliche Tafelrunde" (Art. 3021-A) und der „Königliche Salon" (Art. 3022-A).

Abbildung 9: Traumschloss 3019-A und Schlafzimmer/Himmelbett 3020-A (beide 1998)
(Playmobil-Onlinearchiv auf „www.playmobil.de")

Im Jahr darauf wurde das royale Inventar um einige weitere Figurensets erweitert, so um den „Goldenen Ritter" (Art. 3024-A), das „Königliche Badezimmer" (Art. 3031-A), die „Königskinder/Papageienkäfig" (Art. 3032-A) sowie die „Prinzessin/ Brunnen" (Art. 3033-A), und auch die Serien der Jahre 2000-2004 brachten allerlei Figürchen hervor, die ein vergleichbares Bild von Rittertum und Mittelalter wider-

---

[5] Hörnerhauben und -helme wurden bisher übrigens noch keine gefunden (man sehe von einem Kostümball aus dem Jahr 1869 in Stockholm ab), und der wild wuchernde Bart entspringt aller wissenschaftlichen Vermutung nach ebenfalls dem Reich der rezeptiven Mythen, galten die Wikinger doch als überaus gepflegt und reinlich.

spiegelten, z.B. „Ritter [!] Artus" (Art. 567-A), „Drachenkämpfer" (Art. 4586-A), „Schwarze Königin" (Art. 4591-A), „Edler Ritter" (Art. 4602-A), „Kreuzritter" (Art. 4625-A), ja gar eine „Nonne" (Art. 4631-A).

2004 wurde das Traumschloss geringfügig umgestaltet und um ein Stockwerk dezimiert, kam aber ansonsten in sehr ähnlichem Design erneut auf den Markt. Das Gimmick, das dem Schloss beigelegt war, um den Identifikationswert zu intensivieren, war eine waschechte, funkelnde „Prinzessinnenkrone" (Art. 4250-A). Freilich wurde das Systemspiel-Sortiment auch 2004 um eine Reihe zum Schloss passender Erweiterungen ergänzt, von „Schlossküche" (Art. 4251-A) über „Amme mit Babywiege" (Art. 4254-A) bis zu „Königliche Hochzeitskutsche" (Art. 4258-A).

Dem beträchtlichen Mittelaltersortiment für Mädchen wurde – neben klassischen Ritterburgen und -turnieren – eine weitere Unisex- bzw. Burschen-Serie beigestellt. 2002 griff Playmobil das Normannen-Thema von 1995 und 1997 wieder auf und erweiterte es großzügig. Fortan gab es das „Wikingerdrachenschiff" (Art. 3150-A), eine „Wikingerfestung" (Art. 3151-A), den „Wikingerraubzug" (Art. 3152-A), die „Wikinger mit Rammbock" (Art. 3153-A), einen „Wikingerkönig" (Art. 3154-A), ein „Wikingerboot" (Art. 3156-A), ein „Wikingerlager" (Art. 3157-A) und einen „Wikingeranführer" (Art. 3158-A). Kurz: Die sich gut verkaufende Welt der Ritter mit ihren hierarchischen Ordnungssystemen, ihren Requisiten und ihren Kulissen war in eine weitere historische Gesellschaftsform transferiert worden, die den Kunden aus Film und Fernsehen vertraut war. Beredtes Zeugnis für den Modus der Übertragung ist die Figur „Seeungeheuer ‚Nessie'" (Art. 3155-A): Nessie und ein bewaffneter Wikinger fungierten als in den Norden verlagerte Bildnisse des viel erprobten Drachenritter-Modells (s. Abb. 10). Eine besonders kreative Umsetzung des playmobilschen Mittelalterkonzeptes war zudem eine Kombination der beiden Plastik-Universen, das „Wikinger Superset Ritterangriff" (Art. 3137-A) von 2004: Es zeigte eine wikingische Wohn- und Schatzhöhle inkl. Skelett und Krähen, die von einem Ritter hoch zu Ross angegriffen wurde.

Neben der Wikinger-Sortimenterweiterung wurde 2005 noch eine weitere dem Prinzip der Mittelalterrezeption entsprechende Ethnogruppe in Plastik gegossen: Playmobil bediente sich des recht undifferenzierten Begriffs der „Barbaren" und kreierte eine mittelalterlich anmutende „Barbarenruine" (Art. 4435-A), den „Barbarenreiter" (Art. 4436-A), die „Barbaren mit Sturmwand" (Art. 4437-A), die „Barbaren mit Katapult" (Art. 4438-A), den „Barbaren-Angriffsturm" (Art. 4439-A) sowie 2008 noch den „Barbarenhäuptling" (Art. 4677-A), die allesamt lediglich Variationen des bis heute stark strapazierten Ritterthemas waren.

Abbildung 10: Seeungeheuer „Nessie" 3155-A und Wikingerdrachenschiff 3150-A (beide 2002)

(Playmobil-Onlinearchiv auf „www.playmobil.de")

Resümee

Die Beschäftigung mit den vielgestaltigen Playmobil-Universen zeigt, dass es sich bei der neo-mittelalterlichen Figurenkonzeption um einen bunten Dialog mit der Vergangenheit handelt, der darauf abzielt, Bilder vom Mittelalter mit seinen für uns exotisch-märchenhaften Handlungswelten und -motiven zu zeichnen. Das Geschehen fand ab 1974 zunächst in mittelalterlichen Städten und auf Höfen statt, auf Schlachtfeldern, in Schlössern und Burgen, Verliesen, Schlachtschiffen und Gasthäusern. Beeinflusst vom Dunstkreis mittelalterlicher Literatur und moderner Filme gesellten sich später auch Spukgespenster, Einhörner, Hexen und Feen zum Repertoire des Spielwarenherstellers, die Kulissen wurden erweitert um Zauberschlösser, Drachenhöhlen, *loci amoeni* und *terribili*.

Die Verwandlung von Figuren aus der mittelalterlichen Alltagskultur in mystische Fantasiegestalten lässt sich durch das für Recherchezwecke phänomenale Playmobil Online-Archiv detailliert von 1974 bis 2012 verfolgen.

Spielzeug war und ist immer auch kulturelles Kommunikationswerkzeug, kultureller Kommentar. Werte, die dem Geschmack der Zeit, in der mit den Figürchen gespielt werden sollte, in besonderem Maße zusagten, wurden gefördert und mit großen Produktserien intensiviert (Fleiß, Heldentum, Royalismus usw.), während andere Modelle rigoros aus dem Sortiment entfernt und durch andere ersetzt wurden.

Dass die Plastikfiguren eine Metamorphose hinsichtlich ihrer ästhetischen Gestaltung durchleben, ist Zeugnis für den dynamischen Diskurs, in dem sie sich als repräsentatives Medium gesellschaftlicher Veränderung befinden. Sie sind vielleicht einem radikalen, ja manchmal nur mit Inflation und Verkitschung zu übersetzenden Wandel unterworfen, doch dieser darf und kann aufgrund seiner grundsätzlichen Spieleigenschaft am Ende nur wertfrei betrachtet werden. Wir sollen in diesem Sammelband aufzählen, anschauen und analysieren – die essenzielle Bewertungsmacht der Figurenkonzeption liegt aber ausschließlich den Spielerinnen und Spielern, den Kundinnen und Kunden in Händen.

Doch eine letzte, bisher unbeantwortet Frage ergibt sich aus dieser Erkenntnis: Was bleibt dann noch für uns, die Wissenschaftlerinnen und Wissenschaftler, übrig? Uns bleibt die kindliche Neugierde auf die Figurensets, die zukünftige Jahre hervorbringen werden – denn „Neugier nur beflügelt jeden Schritt". Es bleibt spannend.

Quellenverzeichnis

Fritz, Jürgen: „Spielzeugwelten. Eine Einführung in die Pädagogik der Spielmittel". Weinheim/München 1989.

Humberg, Christian: „50 Jahre Lego Stein". Königswinter 2008.

Playmobil Presseinformationen, 2008: (http://www.playmobil.at/on/ demandware. store /Sites-AT-Site/de_AT/ Link-Page?cid= COMPANY HISTORY 2006) [Stand der Abfrage: 14.05.2012].

Playmobil Presseinformationen, 2010: (http://www.playmobil.at/on/demandware. store /Sites-AT-Site/de_AT/Link-Page?cid=DATEN10) [Stand der Abfrage: 14.05.2012].

Playmobil Online-Produktarchiv: (http://www.playmobil.at/on/demandware. store /Sites-AT-Site/de_AT/Search-Show?cgid=ARCHIV) [Stand der Abfrage: 19.05.2012]).

Interview mit einem Forenbetreiber für Playmobilsammler und -spieler

Playmobil begeistert nicht nur Kinder, sondern auch Erwachsene. In Internetforen und auf Messen treffen sich begeisterte SpielerInnen und SammlerInnen. Wir konnten uns mit einem der Betreiber eines solchen Forums aus Berlin unterhalten.

Frage: Was macht für Sie die Faszination von Playmobil aus?
Forenadmin: Oh, das ist eine ganz schwierige Frage. Für einen Erwachsenen bin ich sehr spät zu Playmobil gekommen – dazu muss man sagen, ich komme aus dem Osten, also hatte ich erst ab 1990 die Möglichkeit und dann über die eigenen Kinder. Ich glaube ganz einfach, dass man damit hervorragend Geschichten gestalten kann, dass man damit seiner Fantasie Ausdruck verleihen und wunderbar spielen kann. Im Gegensatz zu Lego hat es viel mit den runden Formen zu tun, mit den fließenden Formen, was bei Lego immer sehr, sehr problematisch ist. Playmobil spricht bei mir die Fantasie wesentlich mehr an als Lego.

Frage: Was genau ist der Unterschied zwischen Playmobil und anderem Spielzeug wie etwa Lego?
Forenadmin: Der Punkt ist, dass man das wirklich unterschiedlich betrachten muss. Ich glaube, dass für Kinder Lego erst einmal unheimlich viel stärker die Möglichkeit bietet kreativ zu sein. Man nimmt sich eine Kiste Lego und fängt irgendetwas an zu bauen, was sich dann im Ergebnis aus der Fantasie der Kinder entwickelt. Bei Playmobil ist das so, dass man relativ viele vorgefertigte Sachen hat, die man zwar verändern kann, aber tatsächlich mehr die Vorstellungskraft angesprochen wird, die im Kopf abläuft. Man stellt sich bei Figuren vor, wie das sein könnte (würde) in der Realität und man versucht dann der „Realität" sehr nahe zu kommen. Und ich glaube, das ist einfach ein riesengroßer Vorteil von Playmobil. Es hat mehr Bezug zur Realität. Einfaches Beispiel: Die Fahrzeuge von Playmobil, die tatsächlich doch schon den richtigen Fahrzeugen entsprechen – auch wenn es der detaillierten Darstellung nicht sehr nahe kommt – stehen im Gegensatz zu Lego, da müssten sie dann die Technikmodelle nehmen, aber auch da ist die Steinstruktur immer wieder das gleiche Problem. Man kann bei Playmobil beides verbinden – Realität und Fantasie.

Frage: Und worin unterscheiden sich Playmos von Puppen oder Plastiksoldaten?
Forenadmin: Man kann ja nichts mit Ihnen machen mit Plastiksoldaten. Es gibt ja diese unterschiedlichen von verschiedenen Firmen. Und vor allen Dingen: Es gibt bei Playmobil ja keine Soldaten. Es gibt Ritter bei Playmobil, aber mit zum Beispiel

den Schleich-Rittern, die sehr fein gearbeitet sind, kann man weniger machen als mit Playmobil-Rittern. Bei denen kann ich tatsächlich die Sachen wechseln, ich kann – was Sammler ja auch machen – die Figur auseinander nehmen, anders zusammenstecken, mir meine eigene Figur erschaffen, sie ausrüsten, sie anders ausrüsten. Man hat unheimlich viele Möglichkeiten mit so einer Figur. Und das ist der Unterschied zu sämtlichen anderen Spielfiguren – dass man sie wirklich verändern kann. Sie bleibt, wenn man es nicht möchte, nicht so wie sie ist.

Frage: Können Sie mir eine Figur aus Ihrer Sicht charakterisieren? Was macht eine Figur für Sie aus?
Forenadmin: Die Figur an sich ist nicht das Besondere, sondern die Figur, die man daraus macht. Es gibt unterschiedliche Arten von Sammlern. Es gibt die sogenannten MIB-Sammler, die geschlossene Schachteln sammeln. Das heißt, es ist ein besonderer Wert, wenn von 1974 noch etwas original verpackt ist. Und dann die Sammler, die eigentlich mehr Customizer sind, das heißt, sie verändern die Figur. Und genau das macht es aus. Ich habe eine Grundfigur und dann habe ich unheimlich viele Sachen, die ich mit den Figuren machen kann, wenn ich sie auseinander nehme und neu zusammensetze und andere Sachen dran mache. Ich kann sie nach meiner eigenen Vorstellung gestalten. Und das macht an der Figur das Besondere. Ich kann ihnen andere Haare aufsetzen, ob blond, ob braun, ob schwarz; mit Hutkranz – das ist dort wo ein Hut oder ein Helm drauf kommt – oder ohne; ich kann ihnen einen Bart ansetzen; ich kann bei den Rittern Arm- oder Brustpanzer ansetzen, kann ihnen den Gürtel oder die Waffe geben. Die Variationsmöglichkeiten sind dort unheimlich vielfältig. Das macht das eigentlich aus – dass ich mir eine Figur nehmen kann und sie verändern kann, so wie ich sie gerne hätte.

Frage: Und könnte man von einer Kultur des Playmobil sprechen?
Forenadmin: Mittlerweile schon. Schauen Sie sich mal an, wo Playmobil überall Einzug hält. Wenn Sie einfach mal das Fernsehen betrachten. Nehmen wir einmal Harald Schmidt; er hat da viel mit gemacht. Viele Sendungen zum Beispiel für Verbraucherschutzinformation benutzen sehr oft Playmobil, um etwas zu erklären. Die Sendung mit der Maus hat zum Beispiel einmal etwas mit Playmobil-Römern dargestellt. Mittlerweile ist Playmobil in der Alltagskultur angekommen. Es wird in vielen Bereichen verwendet, ob es in der Musik ist – es gab da ein Musikvideo mit Playmo, wegen dessen es einen Streit mit geobra gab – oder hier in Berlin gibt es Antifa-Kampagnen mit einer durchgestrichenen Playmobilfigur, die Hitler darstellen soll. Es wird eigentlich überall verwendet. Es ist mittlerweile in der Alltagskultur angekommen. Auch wenn es dem Unternehmen manchmal nicht passt.

Frage: Was sind denn typische Szenen und was glauben Sie, warum diese Szenen so typisch sind?

Forenadmin: Es gibt keine typischen Szenen. Es gibt das Vorgefertigte, das Playmobil selbst anbietet. Aber wenn Sie sich mal alleine in der Sammlergemeinde, bei den anderen Foren usw. umschauen, was es dort an Bildergeschichten gibt. Es gibt keine typische Playmobilszene – die gibt es einfach nicht. Da wird so viel gemacht, so viel verändert, so viel Arbeit mit so viel Fantasie. Ob das Mittelalter, Piraten oder Märchen sind. Es gibt Fangruppen, die sich hauptsächlich um Feuerwehr, Rettungsdienst usw. kümmern und ihre Fahrzeuge bauen. Es gibt keine typische Playmobilszene. Wenn Sie das aber auf die „Sammlerszene" beziehen, gibt es auch da keine typische.

Frage: Und wie hat sich Playmobil im Laufe der Zeit aus Ihrer Sicht verändert?

Forenadmin: Die Herstellung hat sich zum Nachteil entwickelt. Früher war es so, dass der Satz „Weil eins zum andern passt" tatsächlich funktioniert hat. Heute setzt Playmobil mehr auf kompakte Produkte – gerade diese neuen Piraten und Ritter sind sehr kompakt – man kann sie kaum noch mit etwas anderem verbinden. Playmobil setzt leider auch auf Wegwerfprodukte – um es mal so böse zu sagen. Es schränkt die Kreativität der Kinder ein. Beim Stecksystem und auch noch beim SystemX konnte man unheimlich viel bauen, man konnte die Teile aneinander stecken, quer, kreuz und so weiter und so fort. Das können Sie heute mit diesen gesamten Kompaktsets einfach nicht mehr machen. Es wird auf "auspacken, spielen und wegpacken" beschränkt und damit wird tatsächlich die Kreativität ein bisschen herausgenommen – eigentlich nicht nur ein bisschen, sondern sehr stark herausgenommen – weil man einfach die Möglichkeiten nicht mehr hat. Und das ist bedauerlich. Es ist tatsächlich, um es ganz böse zu sagen, dem Profit geschuldet. Verkaufen geht über alles.

Frage: Warum genau beschäftigen Sie sich eigentlich mit dieser Figur?

Forenadmin: Ich gebe ehrlich zu: Ich bin kein Sammler. Das würde ich bestreiten. Ich bin Spieler. Ich spiele mit Playmobil. Ich stehe dazu, denn spielen ist einfach eine Sache, die gehört zur Kultur des Menschen. Erwachsene Männer geben es meistens nicht zu, dass sie spielen, und das ist der alte Witz: Wenn das Kind unterwegs ist, kauft der Vater als erstes die Modelleisenbahn und spielt damit. Und genauso könnte man das bei mir sagen. Ich bin nur dabei geblieben, weil ich sage: Ich finde es einfach toll, mich damit zu beschäftigen. Ich stehe auch dazu und es ist eigentlich ein interessantes Phänomen, dass man gerade unter Außenstehenden oft ein Problem hat das zu erklären. Bei mir ist es so, dass meine Lebensgefährtin voll dahinter steht. Sie weiß, dass ich Playmobil sammele, sie weiß, dass ich da ein bisschen verrückt bin. Aber es gibt auch unter Sammlern das Problem, dass es in vielen Beziehungen schwierig ist, wenn Sie jemandem erzählen, sie spielen mit Playmobil, er sie anschaut, als würden sie gerade aus der Klapse kommen. Da reagieren auch oft die Partner sehr merkwürdig. Ich finde das immer sehr, sehr lustig. Es macht sehr viel Spaß, Leute ein bisschen damit zu ärgern. Ich mag es einfach – es ist ein tolles Spielzeug. Andere sitzen vor dem Computer oder bauen sich teure Modelleisenbahnen und bei mir ist es eben Playmobil. So einfach.

Frage: Und glauben Sie, dass Playmobil mehr als ein Spielzeug ist?
Forenadmin: Hm...nein, nein. Playmobil ist ein Spielzeug. Das was – in Anführungszeichen – die Sammler daraus machen, dass sie immer mehr hineinlegen, das ist ganz natürlich. Es ist das Objekt der Begierde, aber es ist vordergründig ein Spielzeug. Das sollte es auch bleiben. Aber es sollte darüber hinaus auch andere Eigenschaften haben: Es sollte Kreativität fördern und nicht einschränken und es sollte Spielzeug bleiben und keine Wertanlage. So merkwürdig es klingen mag, aber es gibt Menschen, die betrachten es als solche.

Vielen Dank für das Interview!

Das Interview führte Hannah Köpper

Yvonne Niekrenz

Körper aus Plastik?
Körpersoziologische
Überlegungen zu Helden des Kinderzimmers

Sie sind klein, kaum siebeneinhalb Zentimeter groß, sie sind bunt, sie kämpfen in Ritterrüstung oder als Piraten, sie tanzen Ballett oder fahren Skateboard und erobern weltweit die Kinderzimmer – kleine Figuren[1] aus Kunststoff, die den Markennamen Playmobil tragen. Sie können in Westernszenerien ebenso bestehen wie auf dem Reiterhof, beim Feuerwehreinsatz oder auf der Jagd nach dem Piratenschatz. In unterschiedlichen Spielwelten lassen sich mit ihnen unzählige fiktive Sozialitäten generieren, ein immer wieder neuer sozialer Mikrokosmos, für den die Organisationsprinzipien gesellschaftlicher Wirklichkeit Modell stehen. Dass in diesen einführenden Sätzen kleine Plastikfiguren personifiziert werden, dass ihnen die Fähigkeit zugesprochen wird, sich als Akteure in Spielwelten zu bewähren, hat auch damit zu tun, dass sie aufgrund ihrer Gestaltung den menschlichen Körper repräsentieren. Sie symbolisieren die menschliche Gestalt, haben einen drehbaren, kugelrunden Kopf, Beine und bewegliche Arme. Und mehr noch:

> *„Seit 1982 haben alle Figuren drehbare Hände, was ihre Einsatzmöglichkeiten enorm erweiterte. Durch neue Farbgebung, Bedruckung, andere Frisuren, Schuhe und Bekleidung veränderten sich Aussehen und Ausstrahlung. Auch gibt es nicht mehr nur sportlich schlanke Männer, sondern auch solche mit Bauch. Die Frauen tragen nicht mehr nur Mini, sondern ebenso langen Rock, bzw. Hose. Die Figuren gewannen zunehmend an Lebendigkeit und Spielreiz. Interessante Charaktere wurden kreiert."*[2]

---

[1] Vgl. Pratt, Anastasia L.: "Dolls, Barbies and Others", in: Carlisle, Rodney P. (Hg.): "Play in Today's Society" (Volume 1), Los Angeles et al 2009, S. 175-180: Der Text beschreibt das hier analysierte Spielzeug als *Figuren*, nicht als *Puppen*. Zwar sind Puppen als Figuren definiert, die die menschliche Gestalt nachahmen, jedoch werden sie in Lexika und Wörterbüchern zumeist eher eng als Spielzeug für Mädchen begriffen, mit denen sie entweder etwas über Mutterschaft lernen oder die als fashion dolls (z.B. Barbie) das Thema Styling und Aussehen in den Mittelpunkt stellen.

[2] Presseinformationen „ Playmobil- alles dreht sich um die Figur" (http://www.playmobil.de/ on /demandware.store/ Sites-DE-Site /de_DE/Link-Page?cid=PMFIGUR) [Stand der Abfrage: 16.04.2012].

Dieser kurze Ausschnitt einer Pressemitteilung von Playmobil spricht den Spielfiguren nicht nur Ausstrahlung und Charakter zu, sondern preist auch die zunehmende Lebendigkeit an, die durch eine größere Varianz in der Körperfülle der als männlich konzipierten Figuren und eine größere Bekleidungsvielfalt der als weiblich markierten „Männchen" erzeugt wird. In der 1974 begonnenen „Evolution" der Playmobil-Körper scheinen diese immer mehr Stellvertreter realer Körper (und sogar „Geschlechtskörper") sein zu können. Diese Beobachtung nimmt der vorliegende Beitrag zum Anlass, Playmobilfiguren körpersoziologisch unter die Lupe zu nehmen. Inwieweit können wir von „Körpern aus Plastik" sprechen? Was ist den Figuren inhärent, dass sie in spielerischen Interaktionen als *Körper* zum Einsatz kommen können? Der Artikel diskutiert zunächst unter Rückgriff auf Helmuth Plessner, ob es sich bei Playmobil-Figuren um Körper handelt. Anschließend werden die Fähigkeiten und Lagepositionen des Stehens, Sitzens und Liegens unter die Lupe genommen, die sich mit den Figuren realisieren lassen. Augen, Mund und Hände als Organe, mit denen sich die Welt „begreifen" und sinnlich erfahren lässt, werden in einem weiteren Schritt diskutiert. Da Playmobil-Figuren für das Spiel konzipiert sind, wird schließlich die Rolle des Spiels für die Hervorbringung von Kultur diskutiert, an der Körper und Bewegung maßgeblich beteiligt sind.

Körper aus Plastik?

Jeder materielle Gegenstand kann in einem naturwissenschaftlichen Verständnis als Körper bezeichnet werden. Damit ist alles Körper, was einen messbaren Raum ausfüllt.[3] Aus physikalischer Sicht wären Playmobil-Figuren also Körper, weil sie als Objekte zu begreifen sind, die Raum einnehmen und Masse haben. Sie sind als Körper nach außen hin von ihrer Umwelt abgegrenzt. In der philosophischen Anthropologie Helmuth Plessners, die für den körpersoziologischen Diskurs in den letzten Jahren immer unverzichtbarer zu werden scheint, wären sie als *Ding* oder *Dingkörper* zu bezeichnen.[4] Playmobil-Figuren haben bestimmte Eigenschaften, wie z. B. Gewicht, Farbe oder Härtegrad, aber sie sind *unbelebt*, können also nicht selbsttätig sein, z. B. im Hinblick auf Selbstwachstum, Selbstbewegung oder Selbstentwicklung.[5] Plessner legt der Beantwortung der Frage, was Körper sind, eine Theorie der Positionalität zu

---

[3] Vgl. Schroer, Markus: „Einleitung. Zur Soziologie des Körpers". in: Schroer, Markus (Hg.): „Soziologie des Körpers". Frankfurt a. M. 2005, S. 24.

[4] Vgl. Plessner, Helmuth: „Die Stufen des Organischen und der Mensch. Einleitung in die philosophische Anthropologie" (3., unveränderte Auflage). Berlin, New York 1975, S. 101.

[5] Vgl. ebd., S. 112.

Grunde, nach der sich auch fragen lässt, in welchem Verhältnis das lebendige Sein zu seinem Körper steht.

Ein Lebewesen hat ihm zufolge ein besonderes Verhältnis zu seiner Begrenzung, weist eine Doppelaspektivität auf. „In seiner Lebendigkeit unterscheidet sich also der organische Körper vom anorganischen durch seinen positionalen Charakter oder seine Positionalität"[6]. Ein unbelebtes Körperding existiert nur, soweit es in seiner Materialität reicht, während der organische Körper über sich selbst hinaus weist. Das menschliche Körperverhältnis zeichnet sich durch seine Zweifachheit aus: „Der Mensch *ist* sein Körper, und er *hat* seinen Körper"[7]. In dieser Dualität von Sein und Haben begründet sich die Zweiheit des menschlichen Körpers, der einerseits zentrisch positioniert ist (wie auch das Tier), das heißt raumzeitlich an das Hier und Jetzt gebunden. Weil der Mensch ein Körper *ist*, kann er nicht hier und gleichzeitig woanders, kann er nicht jetzt und gleichzeitig im Gestern und Morgen sein. Der Mensch ist aber – im Gegensatz zum Tier – in der Lage, diese räumlich-zeitliche Gebundenheit hinter sich zu lassen und sich „exzentrisch" zu seiner Umwelt zu positionieren. Seinen Körper zu haben bedeutet, seinen Körper beherrschen und kontrollieren zu lernen und zu sich selbst in Distanz zu treten. Wenn der Mensch sich selbst reflektiert und sich beispielsweise an einen anderen Ort oder in eine andere Zeit denkt, dann *hat* er sich und ist nicht an das Hier und Jetzt gebunden.

Dieser von Plessner formulierte Doppelaspekt ist eine für die Soziologie fruchtbare anthropologische Deutung für die Frage nach der Natur (Sein) und der Kultur (Haben) des menschlichen Körpers. Das Naturwesen Mensch ist sein Körper, aber erst durch lebenslanges Lernen eignet er sich ihn an. Von den unbelebten Dingen unterscheidet ihn auch die Tatsache, dass seine Grenze ihm selbst angehört und er zu dieser in ein Verhältnis treten kann. Er existiert in und mit seiner Grenze unabhängig von angrenzenden und anstoßenden Körpern und bildet eine Einheit von außen und innen. Unbelebte Körper teilen sich mit angrenzenden Medien die Grenze. Es gibt nur ein „leeres Zwischen"[8] der Grenze, nur eine Kontur des Körpers. Die Grenze gehört weder dem einen noch dem anderen und ist nur ein reiner Übergang vom einen zum anderen. So ergeht es den Playmobil-Männchen als unbelebten Dingen, die irgendwo anstoßen, gegen oder auf etwas gestellt werden können, aber ihre eigene Begrenzung (und sich selbst in dieser Begrenzung) nicht realisieren können. Der Vollzug dieser Grenze in ihrem Wesen wäre aber zum „Sein des Körpers" erforderlich.[9] So

---

[6] Ebd., S. 129.
[7] Gugutzer, Robert: „Soziologie des Körpers". Bielefeld 2004, S. 146, Herv. i.O.
[8] Plessner: „Die Stufen des Organischen", S. 103.
[9] Vgl. ebd.

lässt sich nicht von Körpern in einem anthropologischen Sinne sprechen, was aber nicht heißt, dass körpersoziologisch nun nichts mehr über Playmobil-Figuren zu sagen bliebe. Begreift man Playmobil-Figuren nämlich als Angebote zur Weltdeutung, die auch bestimmte Botschaften über Körper vermitteln, so bliebe zu fragen, welche Perspektiven auf die soziale Welt und vor allem, welche Perspektiven dieses Spielzeug auf *Körper* in der sozialen Welt vorschlägt. Dabei muss dieser Artikel die Frage unbeantwortet lassen, wie die Botschaften der Körper aus Plastik jeweils gelesen werden. Denn erst in der Beobachtung des Spiels mit Playmobil-Männchen zeigt sich, wie die Botschaften aufgenommen und in der spielerischen Interaktion umgesetzt werden. Aus einem Mangel an empirischen Daten in diesem Feld beschränkt sich der Beitrag auf die Analyse der Möglichkeiten, die von den kleinen Plastik-Körpern für das Spiel angeboten werden.

Stehen, sitzen, liegen – Tatkraft, Sesshaftigkeit, Ruhe

Playmobil-Figuren können aufrecht stehen, liegen und mit gestreckten Beinen sitzen und verfügen somit über die Positionen der Tatkraft (stehen) und der Ruhe (liegen) sowie über die Zwischenposition (sitzen), die ein Zusammenspiel aus Aktivität und Ruhe darstellt.[10] Ihre Posen betreffen die Vertikale ebenso wie die Horizontale und erzeugen jeweils unterschiedliche Perspektiven auf die Welt. Liegen ist eine „Grundhaltung, in der der Mensch einen umfassenden Kontakt zum Boden hat"[11]. Während sich im Liegen die Welt aus der Froschperspektive eröffnet, behält der Playmobil-Held in der Position der Tatkraft, also im Stehen, den Überblick. Die Fußsohlen sind seine Verbindung zur Erde, er steht bereit, um zur Tat zu schreiten.

Das Gelenk in der Mitte des Plastik-Körpers erlaubt auch, die Figuren in eine Sitzposition zu bringen. Der Kopf bleibt dabei aufrecht in der Höhe und geistig wach, während der Rest des Körpers eine lagernde Position innehat. Im Sitzen kann der Mensch essen, Arbeiten verrichten, sich ausruhen, kommunizieren usw. Die Playmobil-Figuren werden häufig in sitzende Positionen gebracht, wenn sie Fahrzeuge lenken. Feuerwehren, Boote, Polizeiwagen, Traktoren, Kutschen oder Raumschiffe stehen für Mobilität und die Möglichkeit der Überwindung von Raum. Sie schaffen Erfahrungsräume und stehen für Unabhängigkeit, Geschwindigkeit oder Flexibilität. Die ersten Sitzgeräte haben sich erst im Zuge der Sesshaftwerdung des Menschen entwickelt. Das heißt, Sitzen und Sesshaftigkeit stehen in einem Zusammenhang. Die Do-

---

[10] Eickhoff, Hajo: „Sitzen", in: Wulf, Christoph (Hg.): „Vom Menschen. Handbuch Historische Anthropologie". Weinheim, Basel 1997, S. 489.
[11] Ebd.

mestizierung, die Besetzung von Land und das Leben in Häusern bringen auch die ersten Sitzgeräte der Menschen hervor.[12] Das Sitzen auf Puppenstühlen, die der heute üblichen Form von Stühlen folgen, lässt sich für die Playmobil-Figuren vor allem im Umfeld von Puppenhäusern realisieren, wie z.b. dem Wohnhaus, dem Ferienhotel, dem Schulhaus oder dem Prinzessinnenschloss. Stühle als Sitzmöbel sind historisch gesehen noch eine junge Erscheinung. Die städtischen, zivilen Kulturen brachten das Sitzen auf Stühlen hervor, das den Menschen beruhigt und auch „auf ein hohes Kulturniveau hebt"[13]. Es wird hier ein Verhaltensstandard entwickelt, der beim Menschen eine Modellierung des Körpers zur Folge hat.[14] Das Sitzen auf Stühlen kann auch als Machttechnologie interpretiert werden, die zur Disziplinierung und Formung des Körpers dient, beispielsweise wenn in der Schule das Stillsitzen gefordert und eingeübt wird. Hier geht es um eine „Technisierung des Körpers unter dem Gesichtspunkt der Macht"[15], die auch Michel Foucault in seinen Analysen zum Einfluss zweckgerichteter Institutionen auf die körperliche Formung in den Blick nimmt.[16] „Fordernd und hemmend, ordnend und normierend wirkt das Sitzen auf Stühlen in der Schule auf Psyche und Physis [...]. Das Kind wächst in den Stuhl hinein, der den wachsenden Organismus des Kindes nach und nach zur Sitzhaltung formt und festigt"[17]. Mit ihren Playmobil-Männchen können Kinder soziale Situationen auf der Schulbank oder am Esstisch zu Hause nachstellen und damit eine mimetische Bezugnahme zur sozialen Welt leisten. Kinder ahmen mit ihren Figuren als Darstellern Handlungsweisen der sozialen Welt nach, verhalten sich dabei selbst mimetisch und statten ihre Figuren mit der Kompetenz aus zu sitzen, zu stehen oder zu liegen.

Gunter Gebauer und Christoph Wulf entwerfen das Konzept der Mimesis, mit dem sich einem Lernen durch Nachahmung genauer nachgehen lässt. Das Wort Mimesis beschreibt, dass Menschen die Welt, in der sie leben, aufnehmen und auf sie mit konstruktiven Handlungen antworten: „Was sie von der Welt empfangen haben, wird von ihnen in ihren eigenen Aktionen geformt."[18] Mimetische Praxen stellen im-

---

[12] Vgl. ebd., S. 491.

[13] Ebd. S. 490.

[14] Vgl. Elias, Norbert: „Über den Prozeß der Zivilisation. Soziogenetische und psychogenetische Untersuchungen. Zweiter Band. Wandlungen der Gesellschaft. Entwurf zu einer Theorie der Zivilisation". Frankfurt a.M. 1997.

[15] Gebauer, Gunter: „Bewegung", in: Wulf, Christoph (Hg.): „Vom Menschen. Handbuch Historische Anthropologie". Weinheim, Basel 1997a, S. 509.

[16] Vgl. Foucault, Michel: „Überwachen und Strafen. Die Geburt des Gefängnisses" (10. Auflage). Frankfurt a. M. 1992.

[17] Eickhoff, Hajo: „Sitzen", S. 495.

[18] Gebauer, Gunter/Wulf, Christoph: „Mimetische Weltzugänge. Soziales Handeln - Rituale und Spiele - ästhetische Produktionen". Stuttgart 2003, S. 7.

mer körperliche Bezüge her, das heißt sie sind Bewegungen, die sich auf andere Bewegungen beziehen. Der Mimesis liegen Prozesse der Anähnlichung zugrunde, die bisherige Lebensformen und -praxen erweitert. Die Bewegungsmöglichkeiten von Playmobil-Figuren sind zwar begrenzt, dennoch erweisen sich das Stehen, Liegen und Sitzen als vielfältige Lagepositionen, die sich je nach Umfeld und geschaffener Situation in der Welt des Spiels zu einem reichen Spektrum der Darstellung verschiedener Verhaltensweisen erweitern lassen. Eine weitere wichtige Funktion beim facettenreichen Spiel haben die Körperorgane Augen, Mund und Hände.

Augen, Mund und Hände – sehen, lächeln und greifen
„Es ist […] aus buntem Kunststoff und lächelt freundlich – das Playmobil-Männchen", so heißt es in einer Pressemitteilung auf der Playmobil Deutschland-Homepage.[19] Das freundliche Lächeln bleibt seit Jahrzehnten der Figurenproduktion konstant: „Unverändert blieb der typische, sympathisch freundliche Gesichtsausdruck. Er muss von Kindern, wie auch die Figur selbst, interpretiert werden."[20] Welche Deutungsmöglichkeiten bieten die beiden Augen und der Mund an? Die Augen stehen für das Sehen, unsere liebste Sinneswahrnehmung, die bereits von Aristoteles als bevorzugte Erkenntnismöglichkeit benannt wird.[21] „Das Sehen richtet sich auf einen Gegenstand bzw. auf einen anderen Menschen und trifft eine Auswahl aus dem visuellen Umfeld. Das Sehen ist eine Bewegung der Zuwendung und Fokussierung und gleichzeitig der Abwendung und Ausgrenzung."[22] Wird etwas angesehen, etwas mit Aufmerksamkeit bedacht, so wenden wir uns diesem zu. Wenden wir unsere Blicke ab, so grenzen wir jenes zugleich aus. Die Augen der Playmobil-Figur sind in der Kombination mit dem drehbaren Kopf auf das Betrachten von Dingen hin ausgerichtet. Seine Augen sind immer offen und können sich Eindrücken nicht verschließen. Das Playmobil-Männchen ist somit ständig visuellen Reizen ausgesetzt. Weil Sinne immer reflexiv sind, existieren Menschen nicht nur sehend, sondern erleben sich auch selbst als Sehende. Das Auge ist ein wichtiger Mittler zwischen Mensch und

19 Presseinformationen „Playmobil – die ganze Welt im Spielformat" (http://www.playmobil.de/on /demandware.store/Sites-DE-Site/de_DE/Link-Page?cid=PLAYFORMAT) [Stand der Abfrage: 16.04.2012].
20 Presseinformationen „Playmobil – alles dreht sich um die Figur" (http:// www.playmobil.de /on/ demandware.store/Sites-DE-Site/de_DE/Link-Page?cid=PMFIGUR [Stand der Abfrage: 16.04.2012].
21 Aristoteles: „Schriften zur Ersten Philosophie" (Übersetzt von Franz F. Schwarz). Stuttgart 1970, S. 17.
22 Wulf, Christoph: „Auge", in: Wulf, Christoph (Hg.): „Vom Menschen. Handbuch Historische Anthropologie". Weinheim, Basel 1997, S. 446.

Welt. Erfahrung vollzieht sich immer über das Medium Körper als Angelpunkt zwischen (objektiver) Welt und (subjektivem) Ich. Das Auge ist das Fenster zur Welt, aus dem der Mensch hinaussehen kann. Es gilt aber zugleich als Fenster zur Seele, durch das man in das Innere des Menschen hineinschauen kann. Der Gesichtsausdruck des Playmobil-Männchens ist immer gleich freundlich und spiegelt in seiner Variantenlosigkeit den Gesichtsausdruck des Spielenden nicht wider. Wir erblicken die Figur deshalb nicht als Menschen, sondern als Objekt, denn sie kann unseren Blick nicht erwidern. Eine Ausrichtung am Anderen, eine Verkopplung mit dem Anderen ist nicht möglich, denn er kann nicht auf uns verweisen.

Der angedeutete Mund der Spielfigur kann weder sprechen, noch kann er essen und schmecken. Er ist auf das Lächeln beschränkt. Das Lächeln ist für Helmuth Plessner Ausdruck der Menschlichkeit des Menschen und er grenzt es als „Mimik des Geistes"[23] vom Lachen ab. Das Lächeln der Playmobil-Figur kann als freundliches Signal gedeutet werden, das ein Angebot für eine Spielsituation macht. Diese Ausdrucksbewegung ist eine Einladung zur Freundschaft, die das Kind durch Spielen anzunehmen ermutigt wird. Die Einseitigkeit des Gesichtsausdrucks schränkt aber auch die emotionale Bandbreite in verschiedenen Spielsituationen ein. Ebenso fehlt es der einzelnen Figur, die denselben Gesichtsausdruck trägt wie Millionen andere Exemplare, an Einzigartigkeit und Identität. Mit dem standardisierten Gesichtsausdruck bleibt die Playmobil-Figur identitäts- und namenlos.[24]

Ebenso eingeschränkt sind die Fähigkeiten der Hände. Sie sind auf das Greifen festgelegt. Die vielfältigen Handlungsmöglichkeiten, die dem Menschen zur Verfügung stehen, fehlen damit. „Mit Hilfe des Handgebrauchs, des Berührens, Nachfahrens, Greifens, Schlagens, Drehens etc., baut sich der Mensch eine Welt für die Hand auf, eine inkorporierte, vergewisserte und manipulierte Welt."[25] Die Hände der Playmobil-Figuren signalisieren Offenheit gegenüber Gegenständen. Ihre Fähigkeit zu greifen und festzuhalten deutet auf eine Neugier der Welt gegenüber hin. Mit seinen Händen stellt das Männchen Kontakt zu seiner Umwelt bzw. Spielwelt her und nimmt auf sie Bezug. Das Greifen ist keine besonders differenzierte Form des Handgebrauchs, sondern steht als Fähigkeit recht früh in den Entwicklungsstadien des Kindes zur Verfügung. Beim Greifen kann sich der Daumen selbstständig gegenüber den Fingern bewegen. „Das Individuum kann nun Gegenstände fest in der Hand

---

[23] Plessner, Helmuth: „Philosophische Anthropologie. Lachen und Weinen. Das Lächeln. Anthropologie der Sinne". Frankfurt a. M. 1970, S. 138.

[24] Vgl. van Leeuwen, Theo: "The world according to Playmobil", in: Semiotica. 173. 1/4. 2009, S. 303.

[25] Gebauer, Gunter: „Hand", in: Wulf, Christoph (Hg.): „Vom Menschen. Handbuch Historische Anthropologie". Weinheim, Basel 1997b, S. 479.

halten. Im Handbild entsteht ein Zwischenraum zwischen Daumen und Fingern, ein erster künstlich geschaffener räumlicher Unterschied, der später als ein Maß verwendet wird"[26]. Die Playmobil-Figur besitzt einen angedeuteten Daumen, da die zum Körper weisende Seite der zum Greifen geöffneten Hand schmaler ist als die vom Körper wegweisende Handfläche. Mit diesen rosafarbenen Händen und den Armen können einfache Gesten angedeutet werden, etwa in den freudig hochgereckten Armen, den nach vorn ausgestreckten, zur Umarmung oder zum Gruß geöffneten Armen. Die Hände der Playmobil-Figur sind zupackend und in den verschiedenen Settings vielfältig einsetzbar. Sie spiegeln aber längst nicht die breiten Möglichkeiten des Handgebrauchs, zu denen der Mensch fähig ist. Die Hände werden wie kein anderes Körperorgan

„gelehrig gemacht für Werkzeuggebrauch, für Spiele, Malerei, Musik, für Schreiben, Zählen, Hindeuten, für häusliche Arbeiten und soziale Gestiken. Am Handgebrauch zeigt sich der zivilisatorische Stand einer Person. Die Vielzahl der Sozialtechniken, die hohen Ansprüche an das Verhalten, die Feinheit der Regulierungen, die starke Befrachtung mit Symbolik, die variable Artikulation und die Ritualisierung – alles dies macht die Hände zu außerordentlich durchregulierten Körperteilen"[27].

Im Spiel mit den Playmobil-Figuren erwirbt das Kind nicht zuletzt motorisches Geschick, das seine fortschreitende Entwicklung der Auge-Hand-Koordination fördert. Wenn es die Plastikhände seiner Playmobil-Figuren interaktiv einsetzt, dann lernt es einerseits, seine eigenen Hände auf bestimmte Weisen zu benutzen und gleichzeitig erlebt es die Hände der Playmobil-Figuren zunehmend als begrenzt in den Möglichkeiten, die diese zum Spiel anbieten. Damit sind der Aspekt des Körperlichen beim Spiel und der Einsatz des Körpers in spielerischen Interaktionen angesprochen.

Körper, Spiel und Bewegung

‚Playmobil' verweist begrifflich einerseits auf das Spiel und andererseits auf Mobilität und Bewegung. Das Spiel ist – wie Johan Huizinga beschreibt – nicht nur vor der Kultur da, sondern Kultur hat auch ihren Ursprung im Spiel. Das Spiel hat eine eigene soziale Struktur, die sich auch in den Formen menschlichen Zusammenlebens findet.[28] Das Spiel setzt ein freies Handeln voraus und ist durch ein zeitweiliges Heraustreten aus dem gewöhnlichen Leben charakterisiert.[29] In seiner Abgeschlossen-

---

[26] Ebd., S. 481.
[27] Ebd., S. 486.
[28] Vgl. Huizinga, Johan: Homo ludens. Vom Ursprung der Kultur im Spiel. Reinbek bei Hamburg 1956, S. 11f.
[29] Vgl. ebd., S. 15.

heit und Begrenztheit spielt es sich immer innerhalb bestimmter Limitierungen von Zeit und Raum ab und besitzt ein gewisses Spannungselement.[30] Mit dem Spielen in Playmobil-Welten werden eigene mimetische Welten konzipiert, in denen nicht nur die Plastik-Körper der Figuren, sondern auch die Körper der Spielenden beteiligt sind. Die Spielwelten werden durch die Spielenden konstruiert, indem diese beschließen, nun das Spiel zu beginnen, indem sie Rollen vergeben und Interaktionsregeln bestimmen, indem sie Räume für das Spiel festlegen und gestalten usw. Im Spiel mit Playmobil zeigen sich – mit Gebauer und Wulf gesprochen – mimetische Akte. Sie definieren Mimesis als „ein breites Spektrum möglicher Bezüge einer von Menschen gemachten Welt – zu einer vorhergehenden Welt, die entweder als wirklich angenommen wird oder die postuliert, hypostasiert oder fiktional ist"[31]. In den mimetischen Akten des Playmobil-Spiels liegt ein „Noch-einmal-Machen von vorgängigen Handlungen"[32]. Auf diese Weise erhalten die Spiele auch ihre welterzeugende Fähigkeit. Das Spiel mit Playmobil-Figuren kann nicht auf explizit für dieses Spiel festgeschriebene Regeln zurückgreifen, sondern ist dem Erfindungsreichtum und der Fantasie der Spielenden überlassen. Sie erzeugen eine als-ob-Welt unter Bezugnahme auf eine vorgängige, reale Welt. Dabei sind die Spielenden immer auch *körperlich* beteiligt. Sie bewegen sich, ahmen (auch mit dem Spielzeug) Bewegungen nach und nehmen Bezug auf andere, sich bewegende Körper. *„Bewegungen* sind das Medium, in dem Menschen an den Welten anderer teilnehmen und selbst Teil ihrer Gesellschaft werden"[33]. Kinder beobachten bei anderen Menschen Bewegungen und ahmen diese nach, indem sie sich auf diese Modelle beziehen. Im Spiel mit Spielfiguren übertragen sie die gelernten Bewegungen auch auf unbelebte Figurenkörper. Bewegung ermöglicht erst die leibliche Hinwendung zur Welt und bildet das Fundament der kulturellen menschlichen Existenz. Jede Bewegung hat Leib- und Weltresonanzen zur Folge; sie verknüpft das Ich und die Welt miteinander, so dass diese in Wechselwirkung treten können. Mit Hilfe seiner Bewegungen und Sinnesleistungen gewinnt der Mensch seine Erfahrungen und Vorstellungen von der Welt. Indem körperliche Bewegung das Individuum in Verbindung mit anderen Individuen und Objekten der Welt setzt, wird die Bewegung zum Medium, mit dem die gegenständliche

---

[30] Vgl. ebd., S. 17f.
[31] Gebauer, Gunter/Wulf, Christoph: „Spiel - Ritual - Geste. Mimetisches Handeln in der sozialen Welt", Reinbek bei Hamburg 1998, S. 16.
[32] Ebd.
[33] Ebd.: 19, Herv. i.O.

Existenz der Welt erfasst wird.[34] Auf diese Weise wird Gesellschaft inkorporiert und zur verkörperten Struktur.

Im Spiel mit Playmobil und unter Beteiligung des Körpers vollziehen sich also Prozesse der Vergesellschaftung. Das Spiel generiert nicht nur neue Welten, sondern auch soziale Beziehungen und ein Bewusstsein des Selbst und des Anderen. Häufig werden auch gesellschaftliche Machtverhältnisse reproduziert und Bezüge zur Sozialstruktur hergestellt.[35] Inwiefern allein die Spielfiguren von Playmobil ein Modell von Gesellschaft repräsentieren, das bestimmten Organisationsprinzipien unterliegt, zeigt Theo van Leeuwen[36] unter anderem an den Kategorien Alter, Gender, Ethnizität und Klasse. Der vorliegende Artikel hat deutlich gemacht, warum selbst von siebeneinhalb Zentimeter großen Plastikfiguren gemachte Angebote für Welt- und insbesondere Körperdeutungen angenommen und in Spielhandlungen umgesetzt werden. Playmobil-Figuren imitieren den menschlichen Körper in seiner Gestalt, verfügen über Augen und Mund, können stehen, sitzen, liegen und greifen und bilden damit anthropologisch entscheidende Fähigkeiten des Menschen ab. Sie sind zwar keine Körper in einem *soziologischen* Sinne, aber ihre *physikalischen* Körper werden in sozialen Praktiken mit Bedeutung ausgestattet und insofern sozial hervorgebracht. Wenn die kleinen Figuren also zu Helden des Kinderzimmers werden, dann nur weil kleine Helden aus Fleisch und Blut sie in mimetischen Praxen dazu machen.

---

[34] Vgl. Niekrenz, Yvonne: „Leib, Körper und Bildung", in: Hafeneger, Benno (Hg.): „Handbuch Außerschulische Jugendbildung. Grundlagen – Handlungsfelder – Akteure". Schwalbach/Ts. 2011, S. 494.

[35] Gebauer/Wulf: „Spiel – Ritual – Geste", S. 137.

[36] Van Leeuwen: "The world according to Playmobil", S. 299-315.

Quellenverzeichnis

Aristoteles: Schriften zur Ersten Philosophie. Übersetzt von Franz F. Schwarz. Stuttgart 1970.

Eickhoff, Hajo: Sitzen. in: Wulf, Christoph (Hg.): Vom Menschen. Handbuch Historische Anthropologie. Weinheim, Basel 1997, 489-500.

Elias, Norbert: Über den Prozeß der Zivilisation. Soziogenetische und psychogenetische Untersuchungen. Zweiter Band. Wandlungen der Gesellschaft. Entwurf zu einer Theorie der Zivilisation. Frankfurt a. M. 1997.

Foucault, Michel: Überwachen und Strafen. Die Geburt des Gefängnisses. 10. Auflage. Frankfurt a. M. 1992.

Gebauer, Gunter: Bewegung. in: Wulf, Christoph (Hg.): Vom Menschen. Handbuch Historische Anthropologie. . Weinheim, Basel 1997a, 501-516.

Gebauer, Gunter: Hand. in: Wulf, Christoph (Hg.): Vom Menschen. Handbuch Historische Anthropologie. Weinheim, Basel 1997b, 479-489.

Gebauer, Gunter/Wulf, Christoph: Spiel - Ritual - Geste. Mimetisches Handeln in der sozialen Welt. Reinbek bei Hamburg 1998.

Gebauer, Gunter/Wulf, Christoph: Mimetische Weltzugänge. Soziales Handeln - Rituale und Spiele - ästhetische Produktionen. Stuttgart 2003.

Gugutzer, Robert: Soziologie des Körpers. Bielefeld 2004.

Huizinga, Johan: Homo ludens. Vom Ursprung der Kultur im Spiel. Reinbek bei Hamburg 1956.

Niekrenz, Yvonne: Leib, Körper und Bildung. in: Hafeneger, Benno (Hg.): Handbuch Außerschulische Jugendbildung. Grundlagen – Handlungsfelder – Akteure. Schwalbach/Ts. 2011, 487-502.

Plessner, Helmuth: Philosophische Anthropologie. Lachen und Weinen. Das Lächeln. Anthropologie der Sinne. Frankfurt a. M. 1970.

Plessner, Helmuth: Die Stufen des Organischen und der Mensch. Einleitung in die philosophische Anthropologie. 3., unveränderte Auflage. Berlin, New York 1975.

Pratt, Anastasia L.: Dolls, Barbies and Others. in: Carlisle, Rodney P. (Hg.): Play in Today's Society, Volume 1. Los Angeles et al. 2009, 175-180.

Schroer, Markus: Einleitung. Zur Soziologie des Körpers. in: Schroer, Markus (Hg.): Soziologie des Körpers. Frankfurt a. M. 2005, 7-47.

Van Leeuwen, Theo: The world according to Playmobil. in: Semiotica. 173. 1/4. 2009, 299-315.

Wulf, Christoph: Auge. in: Wulf, Christoph (Hg.): Vom Menschen. Handbuch Historische Anthropologie. Weinheim, Basel 1997, 446-458.

Interview mit einem (ehemaligen) Sammler und Playmobil®-Begeisterten aus Zweibrücken

„Es ist vielleicht ein Stück heile Welt, eine Idealwelt, in die ich mich dann zurückziehen kann." ... *Die Playmobil-Welt ist die Welt des einzelnen Individuums, nach seiner Fantasie und Vorstellung erschaffen. In ihr ist alles möglich. Ein (ehemaliger) Sammler aus Zweibrücken hat sich mit uns über seine Leidenschaft unterhalten.*

Frage: Was macht für Sie die Faszination von Playmobil aus?
Sammler: Die Faszination von Playmobil liegt für mich, glaube ich, in meiner Kindheit und darin, dass ich mir als Kind die ganzen Sachen, die ich als Abenteuergeschichten gelesen habe, vorgestellt oder auf Kassetten gehört habe, damit nachgespielt und selber weiterentwickelt habe, und die Helden aus den Büchern dann in Playmobil nachstellen und nacherleben konnte.

Frage: Und wo liegt für Sie der Unterschied zwischen Playmobil und anderem Spielzeug, wie etwa Lego?
Sammler: Das sehe ich heute als Erwachsener vielleicht ein bisschen anders. Also als Kind war es so, dass ich bei Playmobil die fertigen Figuren mit den fertigen Teilen hatte. Damals hatte Lego hauptsächlich Bausteine und noch keine Männchen. Ich fand das immer faszinierend, diese Männchen zu haben, die wirklich alle ihre eigene Ausrüstung hatten, denen ich dann Namen geben und sie zusammenstellen konnte und in Gut und Böse unterteilen und solche Dinge. Das ging bei Lego damals noch nicht. Heutzutage hat sich das, glaube ich, viel angenähert.

Frage: Und worin unterscheidet sich die Playmobilfigur von einer Puppe oder einem Plastiksoldaten?
Sammler: Von einem Plastiksoldaten: Plastiksoldaten – ich weiß nicht, wie sie heute sind – waren überhaupt nicht flexibel damals. Bei Playmobil war es dann schon so, das ist dann wieder ein bisschen die Annährung an Lego, dass sie sich flexibel umgestalten lassen. Also, wenn du das Männchen an sich ganz auszogst, dann war es neutral. Dann musstest du erst mal wieder einen Cowboyhut draufsetzen oder einen Ritterhelm und schon war es etwas anderes und es gibt mehr Flexibilität. Und Puppen: Ja gut, heutzutage gibt's ja viele Spielzeugpuppen und so weiter. Die richtig klassischen Puppen hatte ich nicht oder hatte nur eine und sie hatte wenn, dann nur Kleider. Da konnte ich nicht so viel mit anfangen als Junge, glaube ich.

Frage: Könnten Sie einmal eine Figur aus Ihrer Sicht charakterisieren? Was macht eine Figur für Sie aus?

Sammler: Also eher das, wie ich sie dann angemalt habe oder wie ich Ihre Sachen angemalt habe, so dass sie dann auch wirklich von den anderen eindeutig zu unterscheiden war, das machte sie dann aus. Da komme ich wieder auf den Anfang zurück. Ansonsten... eine Figur macht schon aus, dass sie immer gelächelt hat – das fand ich auch immer sehr schön damals. Und einen Charakter, wie ich ihn am Menschen sehen würde, hatten sie dann eigentlich doch nicht.

Frage: Was sind und waren für Sie typische Szenen, die Sie gespielt haben?

Sammler: Zum einen immer meine Ritterspiele. Dann gab es immer ein Paar, die die „Verräter" waren, die anderen waren die „Guten" und dann mussten sich die „Guten" am Ende doch beweisen. Das war sowohl bei Cowboys so als auch bei Rittern und später noch Piraten. Da war es dann auch so, dass die Piraten die Bösen waren gegen die Ritter oder ähnliche. Wir haben uns auch später wirklich mit der ganzen Nachbarschaft, also ca. mit 6 bis 7 Leuten, zusammengetan und gesagt: „Komm wir spielen einen Nachmittag Playmobil" und haben dann entschieden: Drei von uns hatten die Piraten, die anderen drei haben ihre Ritter zusammengetan und dann haben wir mal geguckt, wer dann nachher sozusagen „gewinnt". Wir haben aber auch oft längere Geschichten einfach so gespielt, in denen die Gegner imaginär, also gar keine Playmobilmännchen waren. Hin und wieder habe ich auch Bauernhof gespielt, das ist dann aber eigentlich sehr kurz gekommen, dass man da gehandelt oder Tiere großgezogen hat. Für mich war, glaube ich, auch das Aufbauen einfach, dort seine Szenerie stehen haben und die schön finden. Es ist dann auch ein schöpferischer Prozess zu sagen, wie verteile ich das, wie stelle ich das in der Gegend dar und wo lebt wer oder so. Da erschafft man sich eine kleine eigene Welt.

Frage: Wie hat sich Playmobil im Laufe der Zeit aus Ihrer Sicht verändert?

Sammler: Was mir jetzt immer auffällt ist, dass es viel mehr spezielle Themenwelten gibt. Diese Flexibilität – ich konnte einfach aus den Rittern einen Cowboy machen. Das würde mir heute schwerfallen, weil oft die Ritterrüstungen jetzt aufgedruckt sind oder der Cowboy einen Schnurrbart oder ähnliches hat, den ich jetzt bei einem Ritter nicht wählen würde. Es ist sehr viel spezieller geworden in eine bestimmte Richtung rein und sie fangen selber an zu sagen, wir trennen noch deutlicher als früher unsere Welten voneinander ab. Umgekehrt haben sie auch Sachen, die faszinierend sind, dabei. Von daher ist es wieder eingeschränkter geworden und auch spezieller, was vielleicht ein bisschen auch dem „Wir müssen ständig was neues erfinden und unsere Marktanteile hoch halten, damit die Leute was neues kaufen" geschuldet ist.

Vielleich auch noch dazu, wie sich Playmobil vom Plastiksoldaten unterscheidet: dass es die Jahre überdauert und relativ stabil ist, während bei Plastiksoldaten hier oder da etwas abbricht. Wie hat es sich noch verändert? Ja, es ist kurzlebiger geworden. Früher gab es die Cowboys, die gab es dann 15 Jahre lang. Sie waren relativ gleich und hin und wieder kam etwas Neues hinzu. Jetzt ist es so, wie zum Beispiel bei diesen Römern, – ich glaube die gibt es jetzt schon gar nicht mehr. Die hat es so zwei, drei Jahre gegeben und jetzt muss wieder was Neues her. Und die letzten Piraten gibt es auch nicht mehr, jetzt gibt es schon wieder neue Piraten. Das finde ich auch manchmal ein bisschen schade.

Frage: Glauben Sie, dass Playmobil mehr als ein Spielzeug ist oder ist es für Sie nur ein Spielzeug?
Sammler: Nein, sonst hätte ich nicht so enthusiastisch gesammelt, auch als ich älter war, und das immer damit entschuldigt, dass ich das irgendwann meinen ganzen Kindern und Patenkindern schenken würde. Die Frage ist: Was ist es dann für mich? Es ist vielleicht ein Stück heile Welt, eine Idealwelt, in die ich mich dann zurückziehen kann. Das war es als Kind auf jeden Fall und vielleicht ist heute damit diese Kindheitsgeschichte auch verbunden gewesen oder immer noch verbunden, dass ich sage „Naja, wenn ich heute wieder anfangen würde. Ich packe mein Playmobil aus und baue es auf." dann lasse ich erst einmal den Stress des Alltages ein Stück hinter mir. Das ist vielleicht bei jedem Spiel so, das ist dem Spiel ja immanent, denke ich. Aber dadurch, dass es so ein bildliches und darstellendes Spiel ist in gewisser Weise, ist es dann noch eine Spur intensiver. Das kommt wieder zu dem Ich-Erschaffe-Meine-Welt. Das ist dann der Punkt, der ein bisschen darüber hinausgeht und das ist der Unterschied zu einem normalen Gesellschaftsspiel oder ähnlichem, wobei diese sich ja auch viel weiter entwickelt haben.

Frage: Hat die Playmobilfigur eine Botschaft?
Sammler: Direkt die Playmobilfigur an sich, glaube ich nicht. Jetzt kann man sich darüber streiten, ob es inzwischen auch die Botschaft hat: Wir sind alle dem Markt geschuldet und der Wirtschaft und wir müssen ganz viel Umsatz machen und das Playmobilmännchen steht dafür, dass es flexibel ist und andererseits doch immer wieder neue Geldquellen erschließt. Im Prinzip könnte die Botschaft auch sein: Aus mir kann alles werden.

Vielen Dank für das Interview!

Das Interview führte Hannah Köpper

Sacha Szabo

Die Nase des Playmobils.

Eine EntwicklungsGeschichte

Viele hielten schon die Playmobilfigur in der Hand, diesen Handschmeichler aus Plastik, blickten in das treuherzige Gesicht, fuhren über die abgerundeten Kanten und spürten, wie schnell sich das Material erwärmte. Alle bisherigen Ansätze, dieses Objekt zu beschreiben, gingen von einer anthropozentrischen Erklärung aus. Immer war es der Mensch, der dieses Objekt formte und ihm seine Gestalt gab. Aber seit einigen Jahren werden Theorien populär, die die strikte Trennung zwischen Natur und Technik in Frage stellen. Sich Techniken zu bedienen wird zur eigentlichen Natur des Menschen, wenngleich nicht exklusiv, jedoch stärker als bei allen Spezies. Die Ungerichtetheit des Menschen wird durch Technik und die dahinterstehende Vorstellung kompensiert. Damit wird Technik zur Natur des Menschen. Verstehen wir den Menschen als Naturwesen, dann ist Technik nicht mehr als eine Extension der Natur. Damit werden auch technisch hergestellte Artefakte naturhaft. Die Dichotomie zwischen naturhaft und menschengemacht ist also aus dieser Perspektive nicht haltbar. Nun sträubt man sich, den Technikbegriff einfach so aufzugeben, schließlich ist das jeweilige Artefakt intentional erzeugt worden. Stellen wir aber die eitle Überzeugung des Menschen in Frage, ein sich selbstbegründeter Schöpfer zu sein und tragen der Erkenntnis Rechnung, dass viele Dinge als Reaktion auf eine bestimmte Umwelt erzeugt werden, dann geht der Impuls in gleichem Maße von der Umwelt wie dem Schöpfer aus.

Nun ist es überhaupt nicht mehr eindeutig, von wem der Ursprungsimpuls ausging. Vielleicht ist es sogar die Umwelt, die sich des Menschen bedient, um bestimmte Vorgänge durchzuführen. Genau dies ist der Begriff des Aktanten, also eines nichtintentional Handelnden Akteurs, wie ihn Bruno Latour in der Actor-Network-Theorie ausarbeitete. Jedes Ding hat ein „Programm". Um dieses Programm zu verwirklichen, geht es Beziehungen zu anderen Dingen ein. Um ein Beispiel zu nehmen: Nehmen wir den Aktant „Hammer". Ein Hammer wird erst durch das Hämmern wirklich zum Hammer, aber um hämmern zu können, braucht er einen Menschen. Dessen Programm ist aber nicht einfach nur zu hämmern, sondern beispielsweise einen Nagel in die Wand zu treiben. So nutzt jedes Aktant einen anderen Aktanten, um sein Programm zu realisieren.

Wenn wir die oben beschriebene Playmobilfigur nehmen, sehen wir, wie konsequent dieser Aktant sein Programm verwirklicht. Wenn wir eine Playmobilfigur also in der Hand halten, dann fällt uns auf, wie sehr er sich von dem biologischen Körper des Menschen unterscheidet. Knie- und Ellbogengelenke fehlen, er hat Plattfüße und seine Hände bestehen aus zwei opponierenden Flächen. Geschlechtsorgane fehlen etwa im Unterschied zu einer berühmten Plastikpuppe völlig. Blickt man der Figur ins Gesicht, so kann uns das Kindchenschema aus Kulleraugen und freundlichem Lächeln nicht über einen Mangel hinwegtäuschen. Etwas sehr zentrales fehlt zu unserer Verwunderung: die Nase.

Abbildung 1: Playmobil und Playmobilskelett (Foto: Sacha Szabo)

Diese EntwicklungsGeschichte soll uns also die Geschichte erzählen, wie das Playmobil seine Nase verlor. Noch bei den ersten Entwürfen hatte die Playmobilfigur eine Nase. Halbrund wie bei einem Clown saß sie mitten im Gesicht. Man berichtet, es hätte an den Gussformen gelegen, aber so recht lässt sich das nicht glauben, wo doch die Nase so ein wichtiges Sinnesorgan ist. Fragen wir, welche Funktion eine Nase hat, so zeichnet sich dieses Organ dadurch aus, dass es uns Informationen über unsere Umwelt, genauer über bestimmte Elemente unserer Umwelt liefert. Es sind bestimmte Aromen, diese haben zum einem mit der Nahrung zu tun und zum anderen mit der Sexualität. Hier kommen wir schon langsam auf die richtige Spur. In der anatomischen Verfasstheit des Playmobils ist nämlich die Nase noch präsent, wie dies das Skelett aus der Packung 3939 aus dem Jahre 2000 zeigt.

Dort ist ganz deutlich die Nasenhöhle zu erkennen. Im Gesicht des Playmobils hingegen befindet sich eine ganz glatte Plastikfläche. Es scheint also, als ob sich der Nasenrücken, die Nasenwurzel und die seitlichen Nasenflügel zurückgebildet hätten und schließlich ganz verschwunden sind. Diese Involution steht nun, wie wir gleich sehen werden, in Korrelation zu den unsichtbaren Geschlechtsmerkmalen. Bei den ersten Playmobilfiguren waren an den männlichen Figuren keine Geschlechtsorgane sichtbar, auch bei den weiblichen aus dem Jahr 1976 im Übrigen nicht. Das Geschlecht wurde durch ein Röckchen angedeutet. Das Auftauchen von Playmobilkindern im Jahre 1981 und Playmobilbabies 1984 warf jedoch die Frage auf, wie diese nun erzeugt wurden. Im Jahr 2012 kam mit „Anna" sogar eine Schwangere auf den Markt.

Abbildung 2: Schwangere „Anna" (Foto: Sacha Szabo)

Es scheint also so, als ob sich Playmobils geschlechtlich fortpflanzen können. Dies wird etwa auch durch die Betonung der weiblichen Brüste seit Ende der achtziger deutlich. Diese stark rollengestützte Mutterfunktion wird auch durch die Darstellungen der Playmobilmütter in Packung 3597/1981 bis hin zur Packung 4408/2006 unterstrichen.

Wie aber entstanden nun die Playmobilkinder? Die Antwort ist ganz einfach und doch kompliziert: durch Spritzguss. Erwärmtes Plastik wird durch eine Düse in eine Form eingebracht. Wir haben es hier mit einem technisch nachgebildeten Reproduktionsvorgang zu tun – nicht mehr, aber auch nicht weniger. Biologische Reproduktion wird technisch nachgebildet. Dieser Vorgang entspricht der Idee von Harald Szeemann einer Junggesellenmaschine, einer patriarchalen Omnipotenzphantasie, sich ohne Dazutun des Weiblichen zu vermehren. Im Falle der Playmobils scheint nun dieser technische Vermehrungsprozess so effizient zu sein, dass sich die Playmobilpopulation innerhalb von 40 Jahren von Zirndorf ausgehend weltweit verbreiten konnte.

Abbildung 3: Verbreitungskarte

Es ist also offensichtlich, dass Playmobilfiguren eine Form der Reproduktion nutzen, die der menschlichen deutlich überlegen ist, wenn man die Jahrmillionen bedenkt, die der Homo sapiens allein für die Strecke von Afrika nach Europa benötigte. Erst die industrielle Revolution setzte ein rasantes Bevölkerungswachstum in Gang. Die Playmobils setzten evolutionär nun genau an dieser Entwicklungsstelle an und konnten so problemlos diffundieren, indem sie zusätzlich durch technische Errungenschaften entwickelte Verkehrswege, wie etwa Frachtschiffe oder Frachtflugzeuge nutzten.

Diese technische Reproduktion machte natürlich eine sexuelle Reproduktion völlig überflüssig, weswegen die Geschlechtsorgane schon bei den ersten Figuren fehlen. Die Nichtnotwendigkeit von Sexualität zur Vermehrung macht aber auch die Produktion von Pheromonen, die die Bereitschaft zur Empfängnis signalisieren, überflüssig. Gerade die Aufnahme dieser Reize erfolgt olfaktorisch. Fällt dies aus, so wird die Nase überflüssig.

Playmobil Deutschland
25. Juni

Jede Sekunde wächst die Weltbevölkerung um 2,6 Menschen.
Gleichzeitig werden jede Sekunde 3,2 neue PLAYMOBIL-Figuren geboren!

Gefällt mir nicht mehr · Kommentieren · Teilen   17

Dir und 205 anderen Personen gefällt das.

Abbildung 4: https://www.facebook.com/PlaymobilDeutschland [Stand der Abfrage: 25.06.2012]

Die Fähigkeit der Playmobils sich von Anfang an technisch zu Vermehren, reduziert die notwendigen Organe. Viel effektiver ist ein Netzwerk von Playmobil-Mensch-Maschine, um sich über die Welt zu verbreiten. Dabei ist die Vermehrungsrate mit 3,2 Figuren pro Sekunde deutlich höher, als die der Menschheit, die um 2,6 Menschen pro Sekunde wächst.

So steckt in dem freundlichen Lächeln der Playmobilfigur auch etwas Hintergründiges. Sie nutzen Menschen, um ihr Programm zu realisieren und lassen dabei den Menschen im Glauben, er sei der eigentlich Handelnde.

Die Moral dieser Geschichte? Spielst Du mit dem Spielzeug, dann spielt das Spielzeug auch mit Dir!

Abbildung 5: Aufkleber mit Motto (Foto: Sacha Szabo)

Manuel Lorenz

Das playmobile Mittelalter

Ob Spielen legitim sei oder nicht, darüber war sich das Mittelalter uneins.[1] Tatsache ist: Nicht erst heute spielen Kinder mit handlichen Ritterfiguren, die mit einer Lanze bewaffnet auf einem Pferd sitzen. Und nicht erst die Gegenwart produziert jene kleinen Figuren en masse. Es scheint banal, darauf hinzuweisen, dass Spielzeug so alt ist wie das Menschengeschlecht. Gleichzeitig muss betont werden, dass dieser Gemeinplatz das Mittelalter nicht ausnimmt. Archäologen finden vor allem bei Stadtgrabungen immer wieder kleine Spielfiguren, insbesondere aus Ton:[2] einerseits (Turnier-)Ritter, andererseits sogenannte Kruselerpuppen. Letztere, handgroß und nach dem Vorbild höfischer Damen gestaltet, wurden von Bilderbäckern als Massenware hergestellt.[3] Seit 1974 produziert die Firma geobra Brandstätter in Zirndorf bei Nürnberg ebenfalls massenhaft kleine Ritter und Zofen. Und der einzige wesentliche Unterschied zwischen damals und heute ist – abgesehen von Quantität und Varietät – das Material. Die Figuren von damals waren vor allem aus Ton, die von heute sind serienmäßig aus Plastik.

Beinahe 40 Jahre hält die Epoche des playmobilen Mittelalters nun schon an. Und trotz der beachtlichen Länge dieser Periode hat noch niemand die Frage nach der

---

[1] „Eindeutig abgelehnt wird der epikureische Satz ‚Ede, bibe, lude‘, besonders des Nachsatzes ‚post mortem nulla voluptas‘ wegen. Bei Tertullian werden Leibesübungen verurteilt, Märtyrer jedoch im Paradies mit ‚ite et ludite‘ empfangen." Endrei, Walter: „Spiel. A. Mittel-, West- und Südeuropa II: Spiele im privaten Bereich", in: „Lexikon des Mittelalters" (Bd. 7). Stuttgart u.a. 1995, Sp. 2108-2111, hier Sp. 2108f.

[2] Vgl. Bräuning, Andrea: „Adelsspiele, Ritterkämpfe, Volksvergnügen", in: „Archäologie in Deutschland" 20/1 (2004), S. 28-35, hier S. 29. Dass vor allem Spielfiguren aus Ton überliefert sind, liegt an der Beständigkeit dieses Materials gegenüber anderem: „Die unterschiedliche Vergänglichkeit von Materialgruppen wie Holz, Keramik, Metall, Leder, Textilien usw. bedingt eine Verzerrung der historischen Wirklichkeit." Gläser, Manfred: „Daz kint spilete und was fro. Spielen vom Mittelalter bis heute". Lübeck 1995, S. 10. Und: „[...] Spielzeug aus organischem Material, vor allem aus Holz, ist nicht häufig belegt; wahrscheinlich wurde unbrauchbar gewordenes Holzspielzeug schlicht verbrannt." Oexle, Judith: „Minne en miniature. Kinderspiel im mittelalterlichen Konstanz", in: Flüeler-Grauwiler, Marianne (Hg.): „Stadtluft, Hirsebrei und Bettelmönch. Die Stadt um 1300". Stuttgart 1992, S. 392-396, hier S. 392f.

[3] Vgl. z.B. Grönke, Eveline/Weinlich, Edgar: „Mode aus Modeln. Kruseler- und andere Tonfiguren des 14. bis 16. Jahrhunderts aus dem Germanischen Nationalmuseum und anderen Sammlungen" (Wissenschaftliche Beibände zum Anzeiger des Germanischen Nationalmuseums, Bd. 14). Nürnberg 1998.

Beschaffenheit jenes Zeitalters gestellt. Dies soll im vorliegenden Beitrag erstmals passieren; die Antwort darauf soll weiteren Studien über das playmobile Mittelalter (nicht hier, sondern an anderer Stelle) als Grundlage dienen – seien es heraldische, architektonische oder militärgeschichtliche[4]:

Der Königshof

Mittelalter bedeutet für Playmobil zunächst einmal Ritteralter. Und das spielt sich 1974 am Hof ab. Der König[5] trägt eine offene Krone, ein Zepter und einen langen Mantel; die Ritter Helm und Schild – mit Tatzenkreuz[6] – sowie Waffen wie Schwert, Lanze und/oder Hellebarde. Sie verfügen über einen silbernen Rumpf, der wohl eine Rüstung oder ein Kettenhemd andeuten soll; manche von ihnen sitzen auf gesattelten Pferden. Mittelalter bedeutet für Playmobil also zunächst einmal prachtvolle monarchische Herrschaft, die mittels Insignien und (Waffen-)Gewalt konstituiert wird. Ein Jahr später gewinnt diese Sichtweise an Tiefe: Der König erhält einen kunstvoll geschnitzten Holzthron, das Waffenarsenal der Ritter wird durch eine Armbrust erweitert und ein Musiker sowie ein Jäger ergänzen das Szenario. Frauen – eine Königin und zwei Zofen – bekommen erst 1976 Zugang zum Königshof.

Das playmobile Mittelalter stellt sich hier noch als sehr holzschnittartig, nicht sonderlich ausdifferenziert dar. Sowohl der König als auch die Ritter können noch problemlos zu Bauarbeitern oder Indianern umfunktioniert werden, was später nicht

---

[4] Die vorliegende Untersuchung beschäftigt sich mit den Erscheinungen zwischen 1974 und 2012, wobei freilich nicht jede einzelne Figur bzw. nicht jedes einzelne Set berücksichtigt werden kann. Thematisiert wird lediglich, was für das Bild des playmobilen Mittelalters von Relevanz ist.

[5] Der König begründet das playmobile Mittelalter, und so prangt sein Scherenschnitt 1974 noch auf den Verpackungen der gesamten Mittelalter-Linie. Dann zieht der König sich vor allem auf seine Burg zurück, deren ersten Entwurf er über 15 Jahre (von 1977 bis 1992/93) beherrscht. 1993 (bis 1997) zeigt er sich in neuer Pracht beim Ritterturnier; dafür fehlt er (von 1993 bis 2004) auf der zweiten Playmobil-Burg. Seit 2004 residiert er – wieder in neuem Gewand – in der Großen Löwenritterburg.

[6] Die Ritterorden sind im playmobilen Mittelalter eine unterschwellige Konstante. Bis 1978 ist die erste, orangefarbene Generation Dreieckschilder im Umlauf, die das Tatzenkreuz abbildet. Der Malvorschlag auf der Verpackung des Playmobil-Color-Turnierrittersets von 1981/82 (bis 1986/87) zeigt einen weißen Dreieckschild mit rotem Kreuz. Der Tempelritter von 1996 (bis 1999) trägt ebenfalls ein rotes Tatzenkreuz auf weißem Grund – auf der Brust wie auf dem Schild. Der Deutschordensritter von 2004 (bis 2007) trägt ein schwarzes Tatzenkreuz auf weißem Grund – und zwar auf Brust, Schild und Fahne. Die beiden letztgenannten werden 2009 kaum verändert in ein und derselben Verpackung neu aufgelegt. Und: Seit 1998 kann man in Malta einen frühneuzeitlichen Großmeister der Malteser erstehen, die ja immerhin auf den Johanniterorden und also auf die Kreuzzüge zurückgehen.

mehr ohne Weiteres möglich sein wird. Einen ersten Skandal beschwört der Plastik-Adel herauf, als er sich 1994 erstmals seiner Rüstung entledigt und zur Beizjagd und Wildschweinhatz reitet.[7] Einerseits übt er dadurch ein ihm eigenes Privileg aus und manifestiert so seinen Status; andererseits verlässt er derart zum ersten Mal den Hof bzw. die Burg. Letzteres bedeutet auch, dass der Adel riskiert, mit anderen Milieus in Berührung zu kommen – vor allem mit all jenen Randgruppen, die sich im Wald bzw. auf dem Weg dorthin aufhalten und die Playmobil im selben Jahr auf den Markt bringt: Räuber, fahrendes Volk und einen Bettelmönch.[8] Nach diesem kurzen Ausritt ins Jagdterritorium kehrt der Adel wieder zurück in die Burg. Den Greifvogel nimmt er dorthin als Statussymbol mit (siehe die „Große Löwenritterburg" von 2004).[9]

Die Stadt

Nürnberg, jene bedeutende spätmittelalterliche Reichsstadt, liegt etwa zehn Kilometer von der Playmobil-Geburtsstätte Zirndorf entfernt, und so verwundert es nicht, dass das playmobile Mittelalter schon 1977 eine umfassende Stadt samt Bürgerschaft bekommt:[10] Schneiderei, Bäckerei, Schmiede[11], Scheune, Gasthäuser, Rathaus, Stadtwache, Schuldturm und Stadtmauer. Dazu: Handwerker, Nachtwächter, Marktfrau, Spielmann und Bauern – und die „Nürnberger" genannten Stadtsöldner, die das sogenannte Kleine Nürnberger Wappen tragen. Die Gebäude ahmen Stein- und Fachwerk nach; die Kleidung und Accessoires ihrer Bewohner zeigen viel Liebe zum Detail. Sowohl in Wirklichkeit als auch in Kunststoff steht die Stadt für eine in großem Maße ausdifferenzierte Gesellschaft. Dass dabei auch der Bauernstand bedacht wird, unterstreicht das Bemühen, das playmobile Mittelalter zu vervollständigen.[12]

---

[7] Vgl. Abschnitt „Skandale". Das Szenario erinnert an die Darstellung der Beizjagd Konradins von Hohenstaufen im Codex Manesse (Heidelberg, Universitätsbibliothek, Cod. Pal. Germ. 848), fol. 7ʳ. Den größten Protest hat anscheinend das Wildschwein hervorgerufen, das als Beute von einer Holzstange hängt. Siehe Bachmann, Felicitas: „30 Jahre Playmobil". Königswinter 2004, S. 118.

[8] Vgl. Abschnitt „Randgruppen".

[9] Rom, Biblioteca Apostolica Vaticana, Pal. lat. 1071, fol. 1ᵛ : Wie auf jener berühmten Abbildung aus dem „Falkenbuch" Friedrichs II. (im „Manfred-Manuskript") sitzt dort der Greifvogel neben dem König auf einer Stange.

[10] Vgl. Bachmann: „30 Jahre", S. 21: Im Showroom von geobra stehen Ritterburg und mittelalterliche Gebäude schon 1975.

[11] Der (Waffen-)Schmied bekommt 2008 sogar seinen eigenen Marktstand, an dem er verschiedene Waffen und die einzelnen Bestandteile einer Rüstung verkauft.

[12] Playmobil-Erfinder Hans Beck sagte einmal – allerdings in einem anderen Kontext –, dass, wenn man das Bild einer vergangenen Zeit zeichne, man all seine Seiten zeigen müsse. Vgl. Ruth Walker: "One Man's Tiny Plastic Universe", in: "The Christian Science Monitor" (7.

Gleichzeitig wird dies aber grandios versäumt, indem man gänzlich darauf verzichtet, die geistliche Sphäre abzubilden. Keine Kathedrale, welche die mittelalterliche Stadt noch bis heute prägt, keine Kirche, kein Konvent, kein Tabernakel, keine Heiligenstatue. Ganz zu schweigen vom entsprechendem Personal: Papst, Kardinal, Bischof, Priester, Mönch, Nonne und/oder Glöckner. Dabei postuliert Playmobil auf der Rückseite des Faltkatalogs von 1977 mit pädagogischem Impetus, dass sein Mittelalter „die Vergangenheit und die Geschichte wieder erwachen [lässt]". „Spielen und lernen", lautet dort das Motto.[13] Andere Epochen und Kulturen verfügen über das Sakrale – die Indianer haben ihren Schamanen samt Totem, der Wilde Westen eine Kapelle mit Reverend. Und entzaubert ist das Plastikuniversum ja auch keineswegs: Es gibt Märchen aus Tausend-und-einer-Nacht, einen übervollen Zauberwald, ein Schlossgespenst, einen Vampir und einen Teufel (!) sowie ein pastellenes Märchenschloss.[14] Selbst das Christentum blitzt hie und da auf – in Form der Arche Noah, eines Krippenspiels, der Heiligen Drei Könige, dem Heiligen Martin und einer zeitgenössischen Nonne. Das einzige, was man dem Mittelalter bewusst[15] an geistlicher Sphäre gönnt, ist 1994 ein feister Bettelmönch.[16]

Die Burg

Gleichzeitig mit der Stadt erscheint 1977 die erste Burg. Sind der König und seine Ritter zuvor noch gezwungen, sich innerhalb imaginärer Mauern um ihre Tafel zu versammeln, bekommen sie jetzt eine handfeste Bleibe. Bis heute ist die Burg die einzige Konstante im playmobilen Mittelalter. Ihr erster Entwurf scheint kaum mehr als

---

Oktober 1997), S. 2 (online: http://www.csmonitor.com/1997/1007/ 100797.home.home. 1.html/%28 page%29/2 [Stand der Abfrage: 15.06.2012])

[13] 2010 wird Playmobil wieder pädagogisch. Die Spielzeughersteller veröffentlicht das 16-seitige Ritter-Booklet „Großes Wissen über die Ritter", das einerseits die aktuelle Ritterkollektion vorstellt, diese aber gleichzeitig auch erläutert. Dabei geht es um (Raub-)Ritter, Burgen, Rüstung, Waffen, Angriff und Belagerung. 2012 legt Playmobil die Bäckerei neu auf – kaum merklich anders als jene von 1977. Außerdem wird ein großes Fachwerkhaus mit Stall eingeführt.

[14] Siehe dazu auch weiter unten den Abschnitt „Das andere Mittelalter".

[15] Die Ordensritter gehören als *miles Christi* natürlich auch in die geistliche Sphäre. Es ist aber kaum anzunehmen, dass dies dem Spielzeughersteller bewusst ist. Dasselbe gilt für die Ritterbünde, welche die Löwenritter (u.a.) darstellen könnten. Diese Gesellschaften kennzeichnete nämlich u.a. der Eid auf ein reges religiöses Leben – weswegen sich manche von ihnen auch nach Heiligen benannten. Siehe Ranft, Andreas: „Ritterbünde, -gesellschaften", in: „Lexikon des Mittelalters" (Bd. 7), Stuttgart u.a. 1995, Sp. 876f.

[16] Kirchengebäude sind bei Playmobil nicht sonderlich populär. Das „Spielwelt 1900"-Brautpaar von 1994 hat zwar eine Festtafel, eine dreistöckige Torte und eine Kutsche – eine Kirche samt Priester gibt es allerdings erst bei jenem zeitgenössischen Brautpaar von 2008.

eine Neuanordnung der auch einzeln erhältlichen städtischen Wehranlagen – Stadtmauer und Schuldturm – zu sein, der man zusätzlich noch ein Fachwerkhaus aufgesetzt hat. Auf den Flaggen und Dreieckschildern, welche die Mauern zieren, prangt das Kleine Nürnberger Wappen. Als Burg qualifiziert jene Assemblage eigentlich nur die Anwesenheit des Königspaars, das – recht einsam – von zwei „Nürnbergern" bewacht wird.[17]

Der zweite Versuch einer playmobilen Ritterburg lässt 15 Jahre auf sich warten und enttäuscht fast ein wenig. Jene Burg von 1993, die immerhin bis 2004 hergestellt werden wird, unterscheidet sich nämlich kaum von ihrer Vorgängerin. Verändert haben sich vor allem das Personal – das Königspaar fehlt! – und die Wappen. Neu und vorausdeutend ist, dass den lichten (Schwanen-)Rittern nun dunkle – und überhaupt – (Drachen-)Widersacher gegenüberstehen.[18] Der Schwarze Ritter existierte zwar schon zuvor, erst jetzt muss er allerdings als Antagonist ernst genommen werden: Er bekommt als Festung eine Burgruine und als Wappentier einen Drachen. Steinkatapulte ermöglichen die nachhaltige Belagerung von Burgen und ein Gefängniswagen das Einsperren von Feinden. Playmobiles Mittelalter bedeutet von nun an vor allem eines: Krieg.[19]

So wird das Burgfragment von 1997 als Angriffs- und Abwehrszenario konzipiert – inklusive einer Mauer, die es vermag, veritabel einzubrechen. Die Angreifer rücken mit einem Belagerungsturm an, der oben eine Zugbrücke, unten einen Sturmbock aufweist.[20] Und als 2004 die erste wirklich opulente Playmobil-Burg auf den Markt kommt, stellt diese vor allem den Rückzugsort der Löwenritter dar, die ihrerseits die Felsenburg der Drachenritter einzunehmen gedenken.[21] Beide Seiten bedienen sich funktionstüchtiger Kanonen. Die Löwenritter wissen den Schwarzen Ritter unter den Ihrigen, die Drachenritter warten mit einem leibhaftigen feuerspeienden Drachen auf.[22] Die Löwenritter bringen einen eindrucksvollen Goldschatz in Sicherheit,

---

[17]   Über 15 Jahre verteilt wird diese Burg fünf Mal neu aufgelegt: 1977, 1980/81, 1984/85, 1987/88 und 1992/93.

[18]   Wie schon weiter oben bemerkt, könnte man diese mit Fabelwesen und Tieren versehenen Rittergruppen als Ritterbünde bzw. -gesellschaften verstehen.

[19]   Allgemein tut sich 1994 sehr viel im playmobilen Mittelalter: Abgesehen von den Neuerscheinungen rund um die Burg entsteht das erste umfassende Turnierszenario, und der Schwarze Ritter wird aktualisiert.

[20]   Dass im selben Jahr eine Marketenderin samt Trosswagen (und feistem, vollbärtigem Ritter) auf den Plan tritt, erscheint pikant, verdingten sich jene Frauen doch durchaus auch als Prostituierte.

[21]   Die zwei als Ritter verkleideten Playmobil-Kinder spielen (2006) mit einer (Mikro-Burg), die beinahe 1:1 derjenigen von 2004 nachempfunden ist.

[22]   Zur Zukunft der Drachenritter im Fantastischen vgl. Abschnitt „Das andere Mittelalter".

die Drachenritter haben die Prinzessin der Löwenritter entführt. 2005 kommt mit
großem Aufgebot – und Burg(ruine) – eine neue Partei hinzu: die fantastisch anmu-
tenden, das Fremde repräsentierenden Barbaren. 2007 wird Playmobil der To-go-
Kultur durch eine „Burg zum Mitnehmen" gerecht; 2010 treten die Raubritter auf
den Plan. Von ihrem Wappen prangt ein Greifvogel, und sie sind die neuen Wider-
sacher der Löwenritter.

Das Ritterturnier
Nach Königshof, Stadt und Burg entdeckt Playmobil 1979 das farbenfrohe[23] Turnierwesen für sich, das sich aber vorerst auf eine einzige Klicky-Box beschränkt: zwei
Turnierritter zu Pferd mit Helm, Rüstung, Dreieckschild, Rennspieß und jeweils
einem Knappen; der eine Ritter in Rot mit einem Greif im Wappen, der andere in
Gelb mit einem Einhorn. Außerdem: ein Herold mit Fanfare.[24] Eine richtige Kulis-
se für dieses Szenario entsteht erst 14 Jahre später, nämlich 1993: eine Tribüne, von
der aus die höfische Gesellschaft dem Turnier zuschaut, und ein König – geschlossene Krone, Hermelinmantel und Fleur-de-Lys auf der Brust –, eine Königin und der
Prinz – nach über 20 Jahren playmobilen Mittelalters das erste Kind! –,[25] die dem Ereignis mitsamt ihrem Hofstaat unter einem Baldachin beiwohnen. Dazu: ein besonders prächtiger Turnierritter zu Pferd, der nun auch über ein eigenes Zelt verfügt. Er
trägt eine goldene Rüstung und die Wappenfarben Blau und Gold. Sein Wappentier,
der Schwan, ist auch als Zieraufsatz auf seinem Helm angebracht.[26] Außerdem: ein
„Drehender Roland" – eine Art Übungspuppe.[27] Ein Update erhält das playmobile
Turnierwesen dann elf weitere Jahre später, also 2004. Eine Tilt trennt nun die beiden Turnierritter zu Pferd voneinander. Der eine hat ein Einhorn als Wappentier, der
andere trägt ein rotes Kreuz auf hell- und dunkelgrünem Grund auf seinem Schild.
Immer wieder scheint Playmobil Gefallen an der bunten Welt des Turniers zu finden, die ja ursprünglich den Zweck hatte, auf den kriegerischen Ernstfall vorzuberei-

---

[23] Bereits 1979/80 ermöglicht Playmobil Color, das Mittelalter eigenständig bunter zu gestalten
– weiße Figuren und Accessoires können vermittels von Filzstiften nach eigenen Vorstellungen
angemalt werden.

[24] Bis 1991/92 wird dieser Prototyp des playmobilen Turnierszenarios ganze fünf Mal neu aufgelegt.

[25] Die erste Ritterfamilie gibt es erst 2012: Ritter, Zofe, Sohn mit Spielzeugwaffen und Tochter
mit Steckenpferd.

[26] 1999 kommt der „Schwanenritter" noch einmal für fünf Jahre auf den Markt – ohne Zelt,
Knappen und sonstiges Zubehör.

[27] An einer Puppe aus Stroh trainiert 2012 noch einmal ein Löwenritter mit seiner Axt. Im selben
Jahr übt sich auch ein Bogenschütze an einer strohernen Zielscheibe.

ten. Letztlich beschränkt man sich dabei aber auf den Tjost und findet den richtigen Krieg allgemein wohl doch interessanter.

Randgruppen

Wahrscheinlich mehr nolens als volens widmet sich das playmobile Mittelalter ab und an auch jenen Figuren, die am Rand oder gar außerhalb der Gesellschaft leben. Am Königshof erscheint 1979/80 ein Hofnarr mit seinem Esel;[28] zwei Jahre darauf bereitet der fahrende Musiker mit Hund und Tanzbär den ersten Skandal vor. 1994 ist das Jahr der Außenseiter schlechthin: ein Straßenräuber, ein Baumversteck und ein Räubergelage. Es ist die Gesellschaft der Vogelfreien, die hier dargestellt wird, all jener, die im Dorf oder in der Stadt nichts mehr verloren und im Wald bzw. in der Wildnis eine neue Bleibe gefunden haben. Gleichzeitig kommt das fahrende Volk und der Bettelmönch auf den Markt – was deshalb spannend ist, weil Franz von Assisi, der das Mendikantentum (gemeinsam mit Domingo de Guzmán) ja gleichsam begründet hat, sich selbst auch *ioculator Christi* (Spielmann Christi) nannte. 1995 dann die skandalöse Figur des Henkers, dessen Beruf dem Mittelalter als „unehrlich" galt und der von seinen Zeitgenossen einerseits „geachtet und mit Ehrfurcht behandelt", andererseits „verachtet und tabuisiert" wurde.[29] Auch die Marketenderin von 1994 könnte als randständig eingestuft werden, bedenkt man, dass sie sich nicht selten auch als Prostituierte verdingte.

Die Meta-Ebene

1982/83, nicht einmal zehn Jahre nach dem Beginn des playmobilen Mittelalters, wird jene Epoche schon für die Nachwelt aufbereitet. Vor einem Fachwerkhaus mit der Aufschrift „Museum" stehen ein Ritter in voller Montur, Hieb- und Stechwaffen und eine Kanone. Ein Ziehbrunnen unterstreicht die Antiquität des Ortes. Auf den Dreieckschilden an der Fassade und der Fahne auf dem Dachgiebel prangt das sogenannte Kleine Nürnberger Wappen.[30] Verschachtelter wird es 2006: In der Reihe „Playmobil Micro" spielen zwei als Ritter verkleidete Playmobil-Kinder mit einer Burg samt Rittern in Mikrodimension. 2008 transportiert ein Playmobil-Lkw Playmobil – also sich selbst. Auf seine Plane ist unter anderem ein Playmobil-Ritter gemalt, und als Ladung führt er auch die „Große Löwenritterburg" von 2004 mit sich.

---

28 Eine Aktualisierung des Hofnarren – allerdings ohne Esel – kommt 2003 auf den Markt.
29 Vgl. Schild, Wolfgang: „Scharfrichter", in: „Lexikon des Mittelalters" (Bd. 7). Stuttgart u.a. 1995, Sp. 1440f., hier Sp. 1440.
30 2012 kommt eine kaum veränderte Neuauflage des Mittelalter-Museums auf den Markt (allerdings mit neuer Artikelnummer).

Und 2012 tun der Sohn und die Tochter eines Ritters und einer Zofe so, als wären sie ihre Eltern: Sie verkleiden sich als Ritter und Zofe.

Der Schwarze Ritter

1986/87 führt Playmobil die rätselhafte Figur des Schwarzen Ritters ein.[31] Er spricht eine gänzlich andere Farb- und Formensprache als die anderen, eher bunt und fröhlich gehaltenen Turnierritter. Seinem Namen entsprechend trägt er vor allem Schwarz (aber auch Lila), und seine Rüstung deutet einen veritablen Plattenpanzer an – mit Harnisch, Halsberge, Brechrändern, Armschienen und Panzerhandschuhen –, wodurch er besonders bolidenhaft wirkt. Seine beiden Knappen – einer von ihnen vollbärtig – tragen Eisenhüte[32] und Rundschilder aus Holz mit Schildbuckeln und Metallverstärkung. Er selbst trägt einen ebensolchen Schild. Sein Wappen ist – plump und selbstreferentiell – ein schwarzer Helm. Einerseits taucht der Schwarze Ritter immer wieder auf – mal mehr, mal weniger überarbeitet.[33] Und während er zu Anfang tatsächlich noch einen Turnierritter darstellt – offensichtlich inspiriert von jenem Schwarzen Ritter aus Walter Scotts „Ivanhoe" –, ist hierzu später kaum mehr ein Zusammenhang herzustellen. Andererseits zeichnet ihn aus, dass er keiner Partei wirklich zugeordnet werden kann. Allgemein gehört er wohl zu den Guten – und so stellt ihn der Katalog von 2004 auch auf die Seite der „guten" Löwenritter; gleichzeitig wird er mehr und mehr zur Inkarnation eines finsteren Ritteralbtraums, der grimmig dreinschaut, eine doppelköpfige (Fantasie-) Streitaxt schwingt und zu dessen Füßen ein Totenschädel liegt.[34] Im Laufe der

---

[31] Diese Figur stellt wohl eher den ersten Schwarzen Ritter dar, als die im KlickyWiki vorgeschlagenen früheren bis ganz frühen Ritter zwischen 1974 und 1977, die lediglich schwarze Arme und Beine aufweisen (Ritter aus den Packungen 3261 [V1 und 2], 3332, 3405 und 3446). Und andere dort angeführte Ritter sind zwar im weitesten Sinne geheimnisvoll und/ oder düster, nicht aber schwarz im Sinne des Schwarzen Ritters (gemeint sind der Blaue Reiter [3899], der Ritter aus dem Osterei 3060, der Edle Ritter [4602] – von dem KlickyWiki aber auch lediglich sagt, er würde einen „hervorragenden König der Schwarzen Ritter" abgeben – , der Ritter aus dem Special Set 4063 und die Schwarze Königin [4591]). Siehe www.klickywiki (http://klickywiki.forum-steinau.de/klickywiki/index.php/Der_Schwarze_Ritter) [Stand der Abfrage: 15.06.2012].

[32] Seit 2002 kennzeichnet auf den Verpackungen ein Ritter mit Eisenhut die Mittelalter-Linie. Statt Ritter heißen die streitbaren Plastikfiguren jetzt allerdings „Knights".

[33] 1993 verändert sich vorerst nur das Wappen des Schwarzen Ritters: Es findet sich darin nun ein Drache. Zwei Jahre später tritt er allein und zu Fuß auf. Mit der rechten Hand stützt er sich auf eine Streitaxt, die Linke hält einen Rundschild. Auf seine Brust ist ein Panzer aufgemalt. Bedrohlich schaut er durch den schmalen Schlitz seines unauffälligen Helms.

[34] Jener Schwarze Ritter von 2004 tritt alleine auf, ohne Knappen. Die doppelköpfige Streitaxt trägt er nicht nur in der Hand, sondern auch als Emblem auf seinem Normannenschild. Sei-

Zeit passt er immer weniger in die schwarz-weiße Dichotomie des playmobilen Mittelalters. Er steht außerhalb solch vereinfachter Weltbilder und handelt nach seiner eigenen Moral und seinem eigenen Gesetz.

Skandale

Die Einführung des Scharfrichters 1995 provoziert den ersten handfesten Skandal. Die rote Kapuze, das martialische Henkersbeil – die Figur scheint der Produktphilosophie von Playmobil zu widersprechen: „keine vordergründige Gewalt, keine Horrorszenarien [...]"[1] Hans Beck verteidigt seine Figur wie folgt: „Im Mittelalter war der Scharfrichter der Vertreter des Rechts, die Enthauptungen sollten abschrecken. Es war eine spontane Idee, ich fand den lustig. Ich hab ihn entschärft und mit der abgeknickten Zipfelmütze ein bisschen grotesk gemacht. Jeder, dem ich ihn gezeigt habe, hat geschmunzelt."[2] Und Ruth Walker erzählt, dass Beck weitere mittelalterliche Strafmaßnahmen schon entworfen, dann aber wegen „second thoughts" nicht veröffentlicht hätte – unter anderem einen Pranger und einen Bäckergalgen.[3] Protest hatten 1994 schon hervorgerufen: die mittelalterliche Jagdgesellschaft, die ein Wildschwein brät, der Fallensteller und das fahrende Volk mit Tanzbär.[4] „Das findet man dann doch zu brutal"[5], so Felicitas Bachmann. Als gänzlich unproblematisch werden offenbar eingeschätzt: die Marketenderin und also potentielle Prostituierte von 1994, und das korpulente Bierfass von 2012.

Das andere Mittelalter

Neben dem regulären Mittelalter bringt Playmobil immer wieder auch Szenarien auf den Markt, die zwar in irgendeiner Weise in jenem Zeitalter angesiedelt sind, aber entweder auf fiktive Stoffe zurückgehen oder Regionen außerhalb der lateinischen Christianitas entspringen. Derartiges muss aber über 20 Jahre warten, bis es zu Plastik werden darf. Den Anfang machen 1995 einerseits Szenen, die aus Tausend-und-

---

nen Helm zieren Büffelhörner – ganz so wie jenen spektakulären Helm Alberts von Prankh (14. Jahrhundert). Sein Gesichtsausdruck ist längst nicht mehr neutral, sondern grimmig, sein Plattenpanzer wirkt martialisch. Im Playmobil-Osterei von 2006 liegt ein Totenschädel zu seinen Füßen.

[1] Bachmann: „30 Jahre", S. 26.
[2] Ebd., S. 118.
[3] Vgl. Walker: "Plastic Universe", S. 2.
[4] Ebd.: Einen einzelnen fahrenden Gesellen mit Fidel, Hund und Tanzbär gibt es allerdings schon 1981/82. Vor allem in England sollen die Tanzbär- und Jagd-Szenerien Protest hervorgerufen und keinen Absatz gefunden haben.
[5] Bachmann: „30 Jahre", S. 118.

einer-Nacht stammen könnten, andererseits eine Hexe, eine Magierwerkstatt, ein Felsentempel sowie ein Prinz, der mit seinem Feuerschwert einen Drachen bekämpft – eine Zauberwelt, die zwei Jahre später massiv ergänzt wird.[6] 1996 drängt ein Tatar ins Playmobil-Universum, 1997 ein Mandarin, 2000 Robin Hood, 2001 eine Sultanwache, 2009 ein arabischer Krieger. Die Wikinger kommen 2002 mit großem Aufgebot (samt Seeungeheuer) auf den Markt,[7] 2004 die Drachenritter, die zu jenem Zeitpunkt noch dem wahrhaftigen Mittelalter zugerechnet werden – aber schon einen leibhaftigen Drachen mit sich führen –, und erst 2009 komplett ins Fantasy-Segment abdriften.

Fazit

Auf den ersten Blick erscheint das playmobile Mittelalter äußerst vielseitig. Der König hat von Anfang an die Herrschaft inne, die Stadt und die Burg repräsentieren wesentliche Lebensräume, auf dem Turnier findet sich der bunte, wagemutige Adel ein, im Wald treffen unterschiedlichste Randgruppen aufeinander und anderswo, in der Fantasie und in der Ferne, leben zauberhafte oder andersartige Wesen. Bei näherer Betrachtung stellt sich diese Vielfalt aber als episodenhaft heraus. Konstant ist lediglich die kriegerische Auseinandersetzung.

Dies verwundert aus drei Gründen: Erstens entspricht ein solch unausgewogenes Mittelalterbild nicht der von Playmobil ausgegebenen Devise „Spielen und Lernen". Zweitens deckt sich der Fokus auf den Krieg nicht mit der von Hans Beck postulierten Playmobil'schen Grundphilosophie, keine vordergründige Gewalt und Horrorszenarien darzustellen. Und drittens sind die oben genannten Episoden bzw. die Ausflüge ins Nicht-Kriegerische, derart gelungen, dass sie genauso gut als Konstanten gedient hätten. Immerhin, die Tage jener Epoche sind noch nicht gezählt. Und wer weiß, vielleicht steht dem playmobilen Mittelalter ja eine Periode des Friedens bevor. Die jüngsten Veröffentlichungen deuten dies an.[8]

---

[6] Es kommen hinzu: Wurzelkobold, Waldgeist, Feuerzauberer, Feenquelle, Zauberbaum, Druide, Einhorn und Blauer Reiter.

[7] Einen vereinzelten Wikinger gibt es schon 1997.

[8] So erschienen zuletzt z.B. ein (Mittelalter-)Museum im Fachwerkhaus, ein Bäckerei-Fachwerkhaus, ein Fachwerkhaus mit Stall, ein großes Bierfass, eine Ritterfamilie und ein Rittermarktstand.

Quellenverzeichnis

Bachmann, Felicitas: „30 Jahre Playmobil". Königswinter 2004.

Bräuning, Andrea: „Adelsspiele, Ritterkämpfe, Volksvergnügen", in: „Archäologie in Deutschland" 20/1 (2004), S. 28-35.

Codex Manesse = Heidelberg, Universitätsbibliothek, Cod. Pal. Germ. 848.

Endrei, Walter: „Spiel. A. Mittel-, West- und Südeuropa II: Spiele im privaten Bereich", in: „Lexikon des Mittelalters" (Bd. 7). Stuttgart u.a. 1995.

[Federicus II,] De arte venandi cum avibus („Manfred-Manuskript") = Rom, Biblioteca Apostolica Vaticana, Pal. lat. 1071.

Gläser, Manfred (Hg.): „Daz kint spilete und was fro. Spielen vom Mittelalter bis heute". Lübeck 1995.

Grönke, Eveline und Weinlich, Edgar: „Mode aus Modeln. Kruseler- und andere Tonfiguren des 14. bis 16. Jahrhunderts aus dem Germanischen Nationalmuseum und anderen Sammlungen" (Wissenschaftliche Beibände zum Anzeiger des Germanischen Nationalmuseums, Bd. 14), Nürnberg 1998.

KlickyWiki (http://klickywiki.forum-steinau.de/klickywiki/index.php/Hauptseite [Stand der Abfrage: 15.06.2012]).

Oexle, Judith: „Minne en miniature. Kinderspiel im mittelalterlichen Konstanz", in: Flüeler-Grauwiler, Marianne (Hg.): „Stadtluft, Hirsebrei und Bettelmönch. Die Stadt um 1300", Stuttgart 1992.

Ranft, Andreas: „Ritterbünde, -gesellschaften", in: „Lexikon des Mittelalters" (Bd. 7). Stuttgart u.a. 1995.

Schild, Wolfgang: „Scharfrichter", in: „Lexikon des Mittelalters" (Bd. 7). Stuttgart u.a. 1995.

Walker, Ruth: "One Man's Tiny Plastic Universe", in: "The Christian Science Monitor" (7. Oktober 1997) (http://www.csmonitor.com/ 1997/1007/ 100797. home.home.1.html/% 28page%29/2 [15.06.2012]).

Interview mit Herrn Dr. Patrick Rau vom archäologischen Landesmuseum in Konstanz

Das archäologische Landesmuseum Baden-Württemberg in Konstanz zeigt in jedem Jahr um die Weihnachtszeit und den Jahreswechsel eine Ausstellung, in der Playmobilfiguren die Darsteller sind, und begeistert damit Kinder und Erwachsene. Herr Dr. Rau berichtete von der Ausstellung der Playmobilfiguren.

Frage: Was macht für Sie persönlich die Faszination von Playmobil aus?
Rau: Dass man hier mit Spielzeug oder spielerischen Mitteln archäologische Gegebenheiten leicht und locker rüber bringen kann. Diese Figuren sind ja sehr eingeschränkt in ihrer Beweglichkeit, aber man kann trotzdem mit denen eine ganze Menge – auch komplizierte – Sachverhalte darstellen. Und das Schöne daran finde ich, dass der Betrachter, wenn er sich das ansieht, nicht unbedingt das Gefühl hat, dass man ihm was beibringt, sondern er betrachtet die Szenen und nimmt sie leicht und entspannt auf. Das ist eigentlich das, was ich daran so toll finde.

Frage: Und was ist der Unterschied zwischen Playmobil und anderem Spielzeug, wie zum Beispiel Lego?
Rau: Mit Lego bin ich nicht so ganz vertraut, aber Playmobil bietet Figuren, die archäologisch relevanter sind als die von Lego. Playmobil hat Eiszeitleute, hat Wikinger, hat Germanen oder Kelten sowie Römer und Ägypter. Ich weiß nicht, ob Lego über solche Sachen verfügt.

Frage: Worin unterscheidet sich Playmobil von Puppen oder Plastiksoldaten bezogen auf die Darstellung archäologischer Gegebenheiten?
Rau: Es gibt natürlich jede Menge andere Figuren gerade im Bereich der römischen Geschichte, aber Playmobil hat einen Stil, der durchgängig ist. Playmobilfiguren mit ihren lustigen Gesichterchen und dem immer gleichen Aufbau – egal ob das Römer, Ägypter, Piraten oder sonstige Figuren sind – haben einen einheitlichen Duktus und das passt. Also man kann sich, was die Darstellung von irgendwelchen Szenen angeht, darauf verlassen, dass die in sich stimmig rüberkommen. Ich würde nicht gerne römische Soldaten aus Zinn nehmen und daneben Wikingerfiguren stellen, die von einem anderen Hersteller kommen und aus Plastik sind.

Frage: Könnten Sie mir einmal eine Figur aus Ihrer Sicht charakterisieren?
Rau: Sie sind lustig. Sie haben ein kleines rundes Gesicht mit Knopfaugen drin. In der Regel lachen sie. Aber Playmobil hat jetzt auch welche, die mal böse gucken. Aber eigentlich nicht so richtig böse. Sie sprechen nicht nur die Kinder an, sondern wahrscheinlich auch das Kind im Erwachsenen, weil sie einfach irgendwie vergnüglich sind. Sie sind schön bunt und das reicht eigentlich schon, finde ich.

Frage: Was sind denn für Sie typische Szenen bei Playmobil in Ihrer Ausstellung und warum?
Rau: Wir nehmen das ganze ja nicht so tierisch ernst. Bei einigen Playmobilprogrammen werden mehrere Epochen zusammen gefasst abgebildet. Da gibt es eben nur Ägypter mit Pyramiden, Pharao mit Streitwagen und Kleopatra. Dass es zur Zeit der Pyramiden noch keine Streitwagen gab – das Rad wurde später erfunden – und Kleopatra erst 2.500 Jahre nach den Pyramiden lebte, wird von Playmobil nicht dargestellt. Das macht aber in unserem Fall nichts, darüber setzen wir uns in unseren Szenen hinweg, erläutern den richtigen Sachverhalt allerdings bei unseren Führungen. Ähnliches gilt für die „römische Abteilung" in unserer Ausstellung, in der wir zeigen, wie der römische Limes errichtet wurde. Da konzentrieren wir uns auf eine bestimmte Zeit, die zwar nicht immer unbedingt den Niederklang in der Kleidung der Playmobilfiguren findet, aber da stehen wir drüber. Es geht uns eigentlich mehr darum zu berichten, wie man einen römischen Limes aufgebaut hat, wie man sich so eine Baustelle vorstellen muss. Da springen eben die Soldaten herum, also nicht irgendwelche Arbeiter, und organisieren und führen das Bauwerk selbst aus. Aber wir machen auch Scherze. Es gab sicher Dinge, die garantiert so nicht vorgekommen sind. Ein Beispiel: Wir haben dieses Jahr die Eiszeit als ein Thema. Auf einem Berg fahren Eiszeitkinder Ski. Wir haben ihnen Knochen unter die Füße geklebt und lassen sie auf einem Eiszeithang hinunter sausen. Vielleicht haben sie es gemacht, wir wissen es ja nicht so genau. Aber das sind dann eher so Gags, die wir mit einbauen.

Frage: Wie hat sich Playmobil im Laufe der Zeit aus ihrer Sicht verändert?
Rau: Seitdem wir uns damit beschäftigen eigentlich gar nicht. Wenn man die ganz alten Figuren anschaut, – 1974 startete die Produktion – dann merkt man, die sind noch einfacher und etwas schlichter gestaltet. Heutzutage wird mehr Aufwand getrieben, was die Differenzierung angeht. Gewänder, Haartracht oder Gesichtsausdrücke sind etwas vielfältiger geworden. Sie bemühen sich also, die Figuren dem Zeitgeschmack anzupassen.

Frage: Wie kam es dazu, dass Sie sich in dem Museum mit diesen Figuren beschäftigt haben?
Rau: Das war die Idee des Chefs. Wir zeigen diese Ausstellung immer in den Monaten Dezember, Januar und Februar, also über den Jahreswechsel und die Weihnachtsfeiertage hinweg. Normalerweise ist das bei uns immer eine Periode gewesen, in der wir irgendeine Sonderausstellung gezeigt haben. Der Besucherandrang war oft sehr gering. Deswegen haben wir gedacht, um die Weihnachtzeit sollten wir mal etwas Besonderes anbieten. In anderen Häusern werden jetzt häufig Weihnachtskrippen aufgebaut, aber das war uns zu schlicht. Unser Direktor hat damals den Vorschlag gemacht, eine Ausstellung mit Playmobilfiguren zu machen, weil das Kinder und Familien anspricht, die eigentlich während der Feiertage durchaus auch ins Museum kommen wollen, wenn man ihnen Entsprechendes anbietet. Und genau so ist es auch gekommen. Seit dem wir diese Ausstellung präsentieren, ist die Weihnachtzeit oder die Zeit, in der die Playmobilausstellung läuft, die mit am besten besuchte des ganzen Jahres.

Frage: Und wie viele Jahre sind das jetzt schon?
Rau: Wir haben dieses Jahr die sechste Ausstellung gemacht.

Frage: Da Sie sich viel mit Playmobil beschäftigt haben: Glauben Sie, dass Playmobil mehr als ein Spielzeug ist?
Rau: Ja, klar! Sieht man an unserer Ausstellung. Wir benutzen die Figuren nicht als Spielzeug, sondern um Sachverhalte aus der Archäologie darzustellen. Es sind richtige Ausstellungsobjekte geworden. Große Dioramen werden gebaut – das machen übrigens auch Playmobilsammler. Es beschäftigen sich viele Leute damit, zum Teil wirklich große Szenen mit diesen Figuren zu erstellen. Das geht also eigentlich weit über die Idee hinaus, diese Figuren Kindern als Spielzeug in die Hand zu geben.

Frage: Glauben Sie, die Playmobilfigur hat eine Botschaft?
Rau: Hm.... Ich glaube, die vorrangige Idee derjenigen, die sie hergestellt haben, war „kauf mich". Man wollte mit einfachen, fröhlichen und zeitlosen Figürchen die Fantasie und Gemüter der Kinder ansprechen. Das gelingt bis heute, wie wir deutlich bei den Kindern sehen, die hier die Ausstellung besuchen. Wir haben dieses Jahr ebenfalls eine Kinderecke eingerichtet mit Playmobilfiguren und weiterem Equipment, damit die Kinder damit spielen können. Also, diese Figuren werden von Kindern zum Teil auch geliebt, das muss man schon sagen. Ich glaube, das kommt von der Ausstrahlung dieser kleinen Figuren, die wie gesagt schön bunt sind, die lustig aussehen und relativ einfach sind, sodass man eigentlich auch sehr schnell erfassen kann,

was sie darstellen und wie universell sie bespielbar sind. Die Zusammenstellung mit dem ganzen dazugehörenden Equipment ist eine gelungene Geschichte. Die Botschaft lautet: „Kauf mich, spiel mit mir und sei glücklich damit".

Vielen Dank für das Interview!

Das Interview führte Hannah Köpper

Darijana Hahn

Aus dem Kinderzimmer in die Öffentlichkeit. Was an der steilen Karriere der Playmobilfiguren als Illustrationsobjekte abgelesen werden kann

Der Titel klingt nüchtern, das Bild ist dafür umso verspielter: Auf dem Katalogband „Alt und Jung"[1], in dem es um das „Älterwerden in Geschichte und Zukunft" geht, ist ein grauhaariges Playmobil-Großelternpaar mit Enkeln zu sehen. Auch die eher unerfreuliche Ankündigung für Bauarbeiten auf der Berliner Linie U7 wird einem durch einen Playmobil-Bauarbeiter versüßt. Und die in der „Welt am Sonntag" vom 16. November 2008 dargestellte Finanzkrise wirkt gar nicht mehr so bedrohlich, weil sie anhand der immer gleich freundlichen Playmobilfiguren erklärt wird.

Ist diese häufige Begegnung mit den Playmobilfiguren nur Zufall oder ein neuer Trend? Eine Art Playmobilisierung der Gesellschaft?

Als ich gefragt werde, ob ich für vorliegendes Buch schreiben würde, muss ich nicht lange überlegen und schlage vor, diese Omnipräsenz von Playmobilfiguren weit außerhalb des Kinderzimmers zu thematisieren.

Mein erster Rechercheschritt ist allerdings recht ernüchternd. Als ich einen mir bekannten Graphikdesigner frage, warum die Zeitung, bei der er arbeitet, Playmobil als Illustrierung verwende, ist ihm diese Frage überhaupt nicht recht. „Wir machen das jetzt gar nicht mehr", ist das Erste, was er auf mein Anliegen erwidert, so als ob er sich dafür entschuldigen müsste, es überhaupt jemals gemacht zu haben. So, als ob meine Frage ihn und seine Zeitung bloßstellen würde. Dass sie etwas machen, was alle anderen auch machen. Und was alle anderen auch machen, ist schließlich nicht mehr das, was man wirklich originell nennen würde.

Meine Bitte, ob er mir Layout-Beispiele zukommen lassen könnte, verhallt entsprechend ungehört. Hmm. Was nun? Ein hoffnungsvoller Rechercheansatz, der sich als Sackgasse erweist. Sollte ich jetzt bei allen möglichen Zeitungen anrufen, erst mal herausfinden, wer in der Graphikabteilung für mich zuständig sein könnte, um dann diese Person zu fragen: „Entschuldigung, haben Sie in letzter Zeit mal Playmobil zur Illustrierung verwendet und falls ja, warum?" Die antizipierte Erfolglosigkeit bremst

---

[1] Schürmann, Thomas/Geuther, Moritz/Thaut, Liob (Hg.): „Alt und Jung. Vom Älterwerden in Geschichte und Zukunft" (Arbeit und Leben auf dem Lande; Bd. 13). Ehestorf 2011.

mich und lässt mich keine einzige Nummer wählen. Zweifel kommen auf, ob ich meine doch eigentlich gute Idee jemals würde verfolgen können.

In einem ganz anderen Zusammenhang, und das ist ja typisch für die Playmobillayouts, stoße ich wieder auf die freundlichen Figuren. Dieses Mal in der Studie „Kioske in Deutschland"[2]. Wie mich dort auf Seite 12 freundliche Playmobilgesichter ansehen – die „Kunden der Kioske" –, fällt es mir auf einmal wie Schuppen von den Augen: Natürlich, es ist doch wohl das Naheliegendste auf der Welt: Ich frage bei Playmobil höchst selbst!!!

Dort ist man sehr entgegenkommend und kündigt an, mir entsprechende Illustrationsbeispiele zukommen zu lassen. Und pünktlich zum gewünschten Termin kann ich den dicken Umschlag entgegennehmen, den ich aufgeregt öffne. Wow, was sich wohl darin alles verbirgt?

Da ist das „Japanese Journal", in dem es wohl um Krankenpflege gehen muss, ist doch auf dem Hochglanzcover eine rot gescheitelte Krankenschwester zu sehen – ihre Hand am Infusionsständer am Bett einer Patientin mit schwarzen Zöpfen und einem Blumenstrauß auf dem Nachtschränkchen.

Abbildung 1: The Japanese Journal, Vol 36, No. 10, 2011.

---

2   http://www.ebs.edu/fileadmin/redakteur/funkt.dept.marketing/SMO/Studie/Kurzversion %20Kioskstudie_2011.pdf; [Stand der Abfrage: 21.02.2012].

Von diesen Krankenszenen gibt es noch einige weitere. So in dem Handbuch Palliative Care in Pflegeheimen. Wissen und Handeln für Altenpflegekräfte"[3]. Auch hier wieder eine Patientin im Krankenhausbett mit der obligatorischen Infusionsflasche. Allerdings sieht sie mit ihren blonden, länglichen Haaren nicht gerade sterbenskrank aus.

Abbildung 2: Becker-Ebel, Jochen (Hg.): „Palliative Care in Pflegeheimen. Wissen und Handeln für Altenpflegekräfte" (2., überarbeitete und aktualisierte Auflage). Hannover 2011.

Kein Problem ist die Jugendlichkeit der Figuren dagegen beim Handbuch für „Pädiatrie"[4]. Da darf das blonde Kind auf dem Behandlungstisch so aussehen, als ob es gleich mit seinem Teddy in der Hand der Mama in die Arme hüpft.

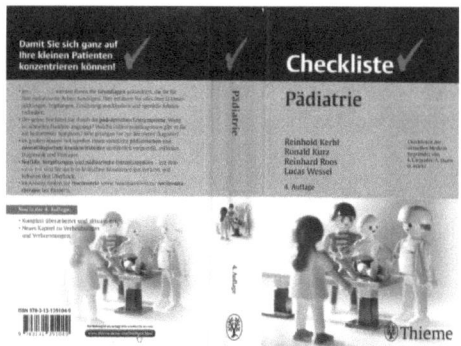

Abbildung 3: Kerbl, Reinhold u.a.: „Checkliste Pädiatrie" (4. Auflage). Stuttgart 2011.

---

[3]   Becker-Ebel, Jochen (Hg.): „Palliative Care in Pflegeheimen. Wissen und Handeln für Altenpflegekräfte" (2., überarbeitete und aktualisierte Auflage). Hannover 2011.
[4]   Kerbl, Reinhold u.a.: „Checkliste Pädiatrie" (4. Auflage). Stuttgart 2011.

Apropos Kind und Mama: Die erfahren höchste Beliebtheit, wenn es um Erziehungsthemen geht. Der Flyer des Projektes „Familienbegleitung"[5] des Deutschen Kinderschutzbundes in Hamburg-Lurup wird bebildert mit Mama, Kleinkind und Baby im Kinderwagen sowie mit zahlreichen weiteren Familienmitgliedern, wie Oma, Opa und nicht zuletzt dem Hund.

Abbildung 4: Deutscher Kinderschutzbund, Landesverband Hamburg e.V.: „Projekt Familienbegleitung. Beratung, Begleitung und Unterstützung auch zuhause für Familien in Lurup". Hamburg 2011.

„Szenen einer Familie" heißt die Überschrift in der Zeitschrift „ergopraxis" (5, Mai 2011, 4. Jahrgang). Eyecatcher für den Artikel, in dem das videogestützte Entwicklungsförderungsprogramm „Marte Meo" beschrieben wird, ist eine bunte Playmobilfamilie, die von einer Playmobil-Ergotherapeutin gefilmt wird (Abb. 5).

---

5   Deutscher Kinderschutzbund, Landesverband Hamburg e.V.: „Projekt Familienbegleitung. Beratung, Begleitung und Unterstützung auch zuhause für Familien in Lurup". Hamburg 2011.

Abbildung 5: Ergopraxis, 5. Mai 2011, 4. Jahrgang

Dem ganzen Erziehungsstress Einhalt gebietet eine blonde Playmobil-Polizistin in blauer Uniform und Schildmütze, indem sie in ihrer linken Hand ein Stoppschild hochhält. Sie ist die Illustration zu dem 2008 im Pieper-Verlag erschienenen Buch „Eltern brauchen Grenzen" von Uli Hauser.[6]

---

[6] Hauser, Uli: „Eltern brauchen Grenzen. Lasst die Kinder Kinder sein". München 2008.

Abbildung 6: Hauser, Uli: „Eltern brauchen Grenzen. Lasst die Kinder Kinder sein". München 2008.

Anstelle des Stoppschildes halten im folgenden Bild Figuren mit unterschiedlichsten Frisuren und auch unterschiedlichen Hautfarben europäische Flaggen in der Hand und machen das vor, was der Titel des 2010 von der Bertelsmann-Stiftung herausgegebenem Buch fordert: „Europa wagen"[7].

Abbildung 7: Bertelsmann Stiftung (Hg.): „'Europa wagen'.
Mit Beiträgen von Joschka Fischer, Wolfgang Schüssel und Guy Verhofstadt". Gütersloh 2010.

---

[7]   Bertelsmann Stiftung (Hg.): „'Europa wagen'. Mit Beiträgen von Joschka Fischer, Wolfgang Schüssel und Guy Verhofstadt". Gütersloh 2010.

So wie sich auch die Konrad-Adenauer-Stiftung der freundlichen Gesellen aus dem fränkischen Zirndorf bedient, um ihr Magazin zu bebildern, das schlicht und ergreifend „Alt"[8] heißt.

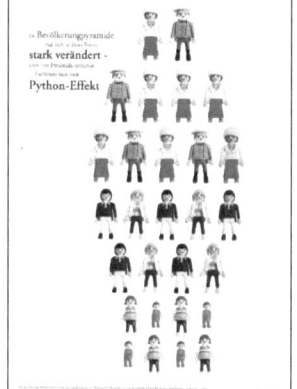

Abbildung 8: „Alt. Ein Magazin zum demographischen Wandel"
Herausgegeben von der Journalisten-Akademie der Konrad-Adenauer-Stiftung. St. Augustin 2008.

Dass die Bevölkerungspyramide in Wirklichkeit die Form eines Fisches angenommen hat, von Experten mit „Python-Effekt" beschrieben, wird verdeutlicht mit den kleinsten Ausgaben der Playmobilfigürchen am Schwanz, gefolgt von dem in der Mitte des Lebens und des Fisches stehenden Elternpaares, über denen, fast ein wenig dräuend, die Großeltern in der breitesten Reihe stehen. Die Oma im Folkloregewand mit Haube, der Opa mit weißem Alm-Öhi-Bart und Hut. Sind es unten noch fünf, immer abwechselnd Frau und Mann, sind sie in der übernächsten Reihe, an der Schnauze des Fisches, nur noch zu zweit.

Noch mehr von den Playmobil-Senioren sind auf der im Trierischen Volksfreund vom 8. Februar 2012 bildlich dargestellten demographischen Wippe zu sehen (Abb. 9). Auf der einen Seite ist die Mutter mit ihrem blonden Pferdeschwanz und ihren lila Sneakers abgebildet, wie sie ihr dunkelhaariges Kind im Buggy schiebt. Auf der anderen Seite stehen fünf Senioren mit grauen Haaren und Vollbärten, die ihre Seite der Wippe unten halten.

---

[8] „Alt. Ein Magazin zum demographischen Wandel" Herausgegeben von der Journalisten-Akademie der Konrad-Adenauer-Stiftung. St. Augustin 2008.

■ Demographische Wippe

Gleichgewichtsstörung: Die Deutschen wer- bolisch dargestellt von Playmobilfiguren – in schaffler meinen, dass sich in den nächsten
den immer weniger, und der Anteil älterer der Luft. Der sogenannte demographische Jahrzehnten ganze Landstriche wie Eifel und
Menschen wächst. Die Jungen hängen – sym- Wandel hat gravierende Folgen. Wissen- Hunsrück entvölkern. FOTO SFK

Abbildung 9: Trierischer Volksfreund, 08.02.2012.

Jung und dynamisch geht es dagegen bei den Playmobil-Fußballern zu, die grade ein Tor feiern. Sie illustrieren nicht etwa einen Text, der tatsächlich mit Fußball zu tun hätte. Nein, sie zieren das Titelblatt des Magazins „blinklicht", ATB-Magazin für die Kraftfahrzeugbranche (Abb. 10). In seiner Ausgabe 1/2011 hatte es die „Mitarbeiterführung im Kfz-Betrieb" als Titelgeschichte mit der auf die Playmobil-Fußballer anspielenden Schlagzeile „Ein Team sollt ihr sein".

Abbildung 10: Blinklicht. ATR-Magazin für die Kraftfahrzeugbranche. Ausgabe 1/2011.

Wirklich um Fußball geht es in dem am 6. März 2012 in den Westfälischen Nachrichten erscheinenden Artikel „Vereine verpflichten Talente". Eine multikulturelle Playmobil-Fußballmannschaft mit blonden, schwarzen und braunen Haaren sowie mit schwarzer Hautfarbe steht vor dem Ball, als ob das Spiel gleich losginge (Abb. 11). Und so, als ob sie über den Untertitel der Schlagzeile hinwegtrösten müssten: „Kinder besuchen immer früher eine Fußballschule – oft weit weg von daheim".

Abbildung 11: Westfälische Nachrichten, 06.03.2012.

Weniger Trost als vielmehr Galgenhumor sollen die auf dem Düsseldorfer Straßenpflaster aufgestellten Playmobil-Bauarbeiter symbolisieren (Abb. 13). In der „Bild" vom 9. August 2011 wird unter der Schlagzeile „Kindergarten Altstadt-Pflaster!" darüber berichtet, wer warum behauptet, dass das millionenteure Pflaster in der Altstadt bröselt. Nach einem langen Report des Hin und Her schlägt „Bild" vor, in der Altstadt Sand aufschütten zu lassen. Denn dann, so die „Bild", „könnten die Beteiligten schön mit ihren Förmchen spielen...".

Abbildung 12: „Bild", 09.08.2011.

So, und hier an dieser schönen Sandkastenstelle wollen wir nun diese besondere Art der Presseschau beenden und zu Erklärungsansätzen übergehen. Nochmals zur Zusammenfassung: Playmobilfiguren kommen universal zum Einsatz. Egal, um welche Themen es sich auch handeln mag, ob Lehrbücher für Krankenpflege, Studien über die Gesellschaft oder Anleitungen zur Erziehung, Playmobilfiguren erfreuen sich ungebremster Beliebtheit. Ob in Deutschland oder im Rest der Welt (um genau zu sein eigentlich ja nur nachgewiesener Weise Japan....)

Umso drängender wird das „Warum eigentlich". Warum ist das so? Was können wir an dieser Omnipräsenz der Playmobilfiguren ablesen? Interpretieren? Was sagt das über den Zustand unserer Gesellschaft aus?

Fangen wir mit den Illustrationen an, die am nächsten am Thema sind, also dann, wenn Playmobilfiguren Erziehungs- und Kindheitsthemen illustrieren. Da kann man noch von einer gewissen Empathie mit der Zielgruppe sprechen. Wenn es um Kinder geht, dann mag es von Einfühlungsvermögen sprechen, die Welt der Kinder auch visuell mit einzubeziehen. Und dass die Kinder in der Tat mit Playmobil spielen, beweisen die stetig wachsenden Verkaufszahlen. So wurde 2010 die magische Umsatzschwelle von 500 Mio. Euro überschritten, indem 2010 100 Millionen Figuren auf der ganzen Welt verkauft wurden – bis dahin insgesamt 2,4 Milliarden.

Von dieser bewusst und gut gemeinten Kindbezogenheit ist es nun nur noch ein kleines Schrittchen zu dem, was man auch als infantil bezeichnen könnte. Was in dem „Bild"-Bild in Anspielung an die „Kindereien" der Pflaster-Verantwortlichen wohl auch in diesem Sinne gemeint war, liegt in den anderen Fällen nur in den Augen des Betrachters. Was denken aber die Menschen, wenn sie Playmobilfiguren als „seriöse" Illustrationen sehen? Ach, wie süß und ach, wie putzig? Und was denken die, die sich dafür entscheiden, sie als Illustration einzusetzen?

Zum Ersteren: Was die Betrachter denken, bzw., was mein langjähriger Freund Uli, Jahrgang 1965, denkt. Gemeinsam standen wir auf dem Bahnsteig in der Berliner U-Bahn und wurden des besagten Bauarbeiters gewahr, der auf die Bauarbeiten auf der Linie U7 aufmerksam machen sollte. „Oh, das muss ich sofort fotografieren", sagte ich hoch erfreut. „Was denn, bitteschön?", fragte Uli irritiert. „Ja, diesen Playmobil-Bauarbeiter, ich schreibe nämlich darüber, wo die Playmobilfiguren überall eingesetzt werden." „Oh, das ist ja interessant", jubelte Uli, „weißt Du denn schon, dass Harald Schmidt alles Mögliche mit Playmobilfiguren nachstellt und spielt?" „Was? Echt? Nee, wusste ich nicht, gucke nie Harald Schmidt." „Ja, kannst Du auf YouTube sehen." „Ja, Wahnsinn, scheint ja dann voll im Trend." Ohne weiter auf Harald Schmidt einzugehen, sinnierte Uli: „Ja, das soll einem eben schlechte Nachrichten versüßen. Dass die U7 nicht mehr so regelmäßig fährt, ärgert einen schon viel weniger, wenn man sieht, dass der Playmobil-Arbeiter ja alles tut, dass es bald wieder besser wird." Aha. Die Playmobilfiguren als eine Art Gegengift für die ansonsten raue Wirklichkeit?

Wenn es draußen in der echten Welt auch nicht so harmonisch zugeht, macht nichts, in der Playmobilgesellschaft herrschen Stabilität, Frieden und Ordnung? Die Freundlich- und Verlässlichkeit der Playmobilfiguren wird potenziert durch eigene Erinnerungen. Denn es gibt wohl kaum einen erwachsenen Menschen, der nicht eigene Erfahrungen im Spiel mit Playmobilfiguren hätte, sei es, dass er als Kind selbst damit gespielt oder aber ein Kind damit beschenkt hätte. Diese Erinnerung an fröhliche, unbeschwerte Momente mag unbewusst mitschwingen, wenn man nun diese Figuren in einem anderen Zusammenhang sieht. In diese Richtung überlegt ein anderer Freund, Jahrgang 1943. „Die, die Playmobil zur Illustrierung benutzen, sind wohl alles Leute, die mal damit gespielt haben", sagt er und reüssiert: „Für die ist das eine Art Schlüssel, eine Metapher." Um kritisch anzumerken, dass sich diese Generation wohl „schlecht davon lösen" könnte.

Womit wir von den Rezipienten zweitens zu den Machern kämen. Weniger die eigene Spielerinnerung sind für den Mitherausgeber des eingangs beschriebenen Katalogbandes „Alt und Jung", Thomas Schürmann, der Grund, warum nun grade Playmobilsenioren auf dem Titel abgebildet sind. Es ist vielmehr die Überzeugung, dass die Playmobilfiguren eine „spielerische Note" in ein ansonsten abstraktes Thema „ins Spiel" brächten. Etwas nüchterner beantwortet der mir bekannte Graphikdesigner einer Zeitung die Warum-Playmobil-Frage. „Man tut niemand weh damit", sagt er lapidar, um dann aber hinzuzufügen, dass es ja auch „originell und witzig" sei, und dass es eine „sehr hohe Variationsbreite" gäbe. Mehr noch, man könne „das Leben nachbauen".

Ähnlich wie jene beiden Befragten erklärt auch Playmobil selbst diese auffallende Beliebtheit. „Die Playmobil-Figuren sind Sympathieträger und in Deutschland bei Kindern und Erwachsenen bekannt. Damit sind sie positive und ‚neutrale' Erklärungshilfen", sagt Pressesprecherin Judith Weingart und ergänzt: „Die vielen Playmobil-Spielwelten enthalten so viele Gebäude, Figuren, Zubehör, Accessoires und Fahrzeuge, dass sich unendlich viele Sachverhalte damit darstellen lassen, von einer Erklärung der Pflegeversicherung bis zu Tipps im Brandfall oder dem 100. Todestag von Karl May."

In diesem „Sachverhalte darstellen" und „Leben nachbauen" liegt womöglich der Schlüssel zum Glück, bzw. zum Playmobil-Erfolgsrezept-Geheimnis.

Nachdem es Playmobilfiguren zu Beginn ihrer Existenz vor allem als Cowboys und Indianer gab – apropos Karl May –, sind sie heute in der Tat in allen erdenklichen Varianten zu bekommen, „vom Baggerfahrer bis zum Zahnarzt", wie es der Graphiker formulierte.

Indem nun die Playmobilfiguren die reale Welt imitieren, sei es als Flughafenmitarbeiter, Polizisten, Feuerwehrmänner und -frauen oder als Fußballer, ermöglichen sie in ihrer Klein- und Kompaktheit einen neuen Blick auf die uns ansonsten alltägliche und selbstverständliche Welt. Es hilft uns, die Welt um uns herum wieder bewusst wahrzunehmen. So, wie wir überhaupt immer davon entzückt sind, unseren Alltag im Kleinformat irgendwo wieder zu sehen. Man denke nur an die Faszination, die von Modelleisenbahnen ausgeht. Oder an die Begeisterung, die Puppenstuben und Spielzeug-Einkaufsläden in uns auslösen mögen.

Diese Faszination für die Übersetzung und die damit einhergehende Interpretation der Alltagswelt in Spielzeug wird potenziert, wenn sie in einen vollkommen anderen Zusammenhang gestellt wird. Wenn sie von ihrer zugewiesenen Heimat, dem Kinderzimmer, herausgeholt wird in die Erwachsenenwelt. In dieser für jeden erkenn- und fühlbaren Reibung liegt der erste Reiz für den Betrachter. Dass er in einer seriösen Zeitung etwas sieht, was er ansonsten nur im Spielzeugprospekt erwarten würde. Diese Reibung ist ein Prinzip, das noch in vielen anderen Fällen in der medialen Welt funktioniert. Eine ähnliche Illustrationsbeliebtheit wie die Playmobilfiguren haben beispielsweise Verkehrszeichen, die, egal, ob nun jemand Auto fährt oder nicht, jeder lesen und verstehen kann. Herausgenommen aus ihrem Straßenalltag und mit neuen Inhalten verbunden, erzeugen sie schließlich automatisch eine Aufmerksamkeit. Und werben dabei für alles Mögliche. Ob für (sozial-)politische Botschaften, für legendären Preisnachlass oder Medikamente gegen Verstopfung.

Abbildung 13: Poster des VdK „Abgehängt"

Ein weiteres Beispiel für die reibungsvolle Vermengung von zwei unterschiedlichen Universen ist der so genannte Seniorenspielplatz. Seit dieser Begriff im Herbst 2006 das erste Mal in den Medien auftauchte, wird er sehr kontrovers diskutiert. Tenor ist meist eine Art Empörung, dass die Senioren durch diesen Begriff infantilisiert und dadurch verunglimpft würden. Auch wenn „Spielplatz" ein sehr offener Begriff ist, werden damit sofort spielende Kinder in der Sandkiste in Verbindung gebracht. Da die öffentliche Meinung also Spielplatz in vorgesehener Weise „liest", fallen Veränderungen sofort auf und die gewünschte Wirkung – die Aufmerksamkeit – ist erzielt[9].

---

[9] Hahn, Darijana: „Auf dem Seniorenspielplatz – auf dem Weg zu einer neuen Mentalität?", in: Schürmann, Thomas/Geuther, Moritz/Thaut, Lioba (Hg.): „Alt und Jung. Vom Älterwerden

Der komplexe Spielplatz mit all seinen Variationsmöglichkeiten ist also eine Art einheitliches Zeichen – übrigens als solches auch in Playmobil-Ausfertigung zu bekommen.

Wenn der Spielplatz und vor allem auch Playmobil, und erst recht beides zusammen, ein Zeichen sind für spielende Kinder – wofür ist es dann ein Zeichen, dass
beide Zeichen so beliebt sind? Weiter oben haben wir darüber sinniert, dass es von
der Empathie für die Kinderwelt nur ein kleiner Schritt sei zum Infantilen. Hat diese Playmobilbeliebtheit womöglich etwas damit zu tun, dass wir – die Generation
Golf, Doof und eben Playmobil – uns kollektiv und selbstverständlich unterbewusst
in die Sandkiste zurückwünschen? Also dass wir eine durch und durch infantile Gesellschaft sind? Trotz oder womöglich grade wegen immer weniger Kindern? Erfreuen
wir uns also am Anblick der Playmobilfiguren – und das wäre nach dem oben ausge-
führten ersten (Reibungs-)Reiz nun der zweite – vor allem deswegen, weil es uns an
das liebe Kind in uns erinnert und uns tröstet, dass die anderen ja auch noch Kind
sein wollen?

„Dass Erwachsene auf Kinderspielzeug zur Illustrierung zurückgreifen, wäre im 19.
Jahrhundert undenkbar gewesen", sagt Rainer Funke, Professor für Graphik-Design
an der Fachhochschule Potsdam. Er bestätigt die These von der Infantilisierung der
Gesellschaft, in der die „Erlebniswelten immer mehr verschmelzen" und „sich das
Erwachsensein gar nicht mehr richtig vom Kindsein abgrenzen lässt". Damit ein-
her geht gleichzeitig der Wunsch, so Funke, „Wissen so zu repräsentieren, dass auch
Kinder einen Zugang finden". Wie auch in der Wissenschaft ein starkes Bedürfnis
besteht, „komplexe Zusammenhänge einfach darzustellen". Und dafür eigne sich unter anderem Playmobil eben „auf Grund der Abstraktheit", die bereits eine „große
Analogie zu den Piktogrammen" aufweise[10].

Von einer „Infantilisierung der Gesellschaft" hat unlängst auch der Historiker Arnulf
Baring gesprochen. Und zwar während der Talkrunde „Menschen bei Maischberger"
am 8. Mai 2012[11], als er über die Piraten-Partei sprach, die für Baring „Teil einer Infantilisierung der Gesellschaft" sei. Ob er damit auch jenen Playmobil-Piraten meinte, den die noch junge Partei gerne als Symbol/Maskottchen verwendet, sei dahin
gestellt.

---

in Geschichte und Zukunft" (Arbeit und Leben auf dem Lande; Bd. 13). Ehestorf 2011, S.
337 – 355.

10   Rainer Funke im Telefoninterview, Juni 2012.

11   www.welt.de   (http://www.welt.de/fernsehen/article106274971/Maischberger-scheitert-an-
blasierter-Altherrenrunde.html) [Stand der Abfrage: 14. 05. 2012].

Fest steht, dass mit dieser Infantilisierung die zunehmende Überalterung der Gesellschaft einhergeht, bzw. die Überalterung einer Gesellschaft eine Infantilisierung mit sich bringt. Bedeutet doch eine Überalterung einer Gesellschaft, dass es immer weniger Kinder gibt. Und immer weniger Kinder gibt es unter anderem deswegen, weil sich die Erwachsenen nicht reif genug für eigene Kinder fühlen, weil sie womöglich unter dem „Peter-Pan"-Syndrom leiden und selber nicht groß werden wollen. Eine Begleiterscheinung dieses „Syndroms"/Umstandes ist eben unter anderem, und das führt jetzt etwas im Kreise, die Tatsache, dass sich Erwachsene von ihrem einstigen Spielzeug nur schwer lösen können.

So lässt sich denn zusammenfassend sagen bzw. bestätigen, dass die Illustrationsbeliebtheit von Playmobil als ein deutliches Zeichen für unsere gegenwärtig allgemein infantile Grundstimmung gelesen werden kann. Wann diese nun begonnen hat, und seit wann genau Playmobil so auffällig oft außerhalb des Kinderzimmers zu finden ist, sind Fragen, die weiterer Beschäftigung bedürfen.

Alt. Ein Magazin zum demographischen Wandel". Hg. Von der Journalisten-Akademie der Konrad-Adenauer Stiftung. St. Augustin 2008.

Becker-Ebel, Jochen (Hg.): „Palliative Care in Pflegeheimen. Wissen und Handeln für Altenpflegekräfte" (2., überarbeitete und aktualisierte Auflage). Hannover 2011.

Bertelsmann Stiftung (Hg.): „'Europa wagen'. Mit Beiträgen von Joschka Fischer, Wolfgang Schüssel und Guy Verhofstadt" (1. Aufl.). Gütersloh 2010.

Bild, 09.08.2011.

Blinklicht. ATR-Magazin für die Kraftfahrzeugbranche. Ausgabe 1/2011.

Deutscher Kinderschutzbund Landesverband Hamburg e.V.: „Projekt Familienbegleitung. Beratung, Begleitung und Unterstützung auch zuhause für Familien in Lurup". Hamburg 2011

Ergopraxis, 5. Mai 2011, 4. Jahrgang.

Hahn, Darijana: „Auf dem Seniorenspielplatz – Auf dem Weg zu einer neuen Mentalität?", in: Schürmann, Thomas/Geuther, Moritz/Thaut, Lioba (Hg.): „Alt und Jung. Vom Älterwerden in Geschichte und Zukunft" (Arbeit und Leben auf dem Lande; Bd. 13), Ehestorf 2011, S. 337-357.

Hauser, Uli: „Eltern brauchen Grenzen. Lasst die Kinder Kinder sein". München 2008.

Kerbl, Reinhold u.a.: „Checkliste Pädiatrie" (4. Auflage). Stuttgart 2011.

Schürmann, Thomas/Geuther, Moritz/Thaut, Lioba (Hg.): „Alt und Jung. Vom Älterwerden in Geschichte und Zukunft". (Arbeit und Leben auf dem Lande; Bd. 13). Ehestorf 2011.

The Japanese Journal, Vol 36, No. 10, 2011.

Trierischer Volksfreund, 08.02.2012.

Westfälische Nachrichten, 06.03.2012.

Interview mit Frau Cathérine Biasini vom Jungen Museum in Speyer

Das junge Museum Speyer zeigte 1999 seine erste Ausstellung. Das erfolgreiche Pilotprojekt spricht dabei direkt Themengebiete an, die Kinder- und Jugendliche interessieren. Dazu gehört auch eine Playmobil-Ausstellung. Mit Frau Biasini vom Jungen Museum haben wir über die Ausstellung und das Spielzeug gesprochen.

Frage: Wo ist denn der Unterschied zwischen Playmobil und anderem Spielzeug, wie etwa Lego?
Biasini: Da beginnen Sie gleich mit einer relativ schwierigen Frage. Ich nehme an, der Unterschied zwischen Lego und Playmobil war am Anfang, dass Playmobil Figuren hatte. Lego fing ja mit Systembausteinen an und hat dann erst später die Figuren auf den Markt gebracht. Playmobil hatte von Anfang an Figuren, mit denen sich die Kinder identifizieren konnten.

Frage: Worin unterscheiden sich Playmos von Puppen oder Plastiksoldaten?
Biasini: Da würde ich sagen, dass die Figuren zumindest am Anfang auch sehr wandlungsfähig waren. Wenn ich mir jetzt eine Barbiepuppe anschaue, da ist die Rolle definierter. Auch wenn diese Puppe ebenfalls verschiedene Kleidungsstücke anziehen kann, ist diese Barbie-Rolle relativ fest, diese kleinen Playmobilfiguren waren in ihrer Rolle flexibler und die Kinder konnten sie auch verändern. Das heißt, man konnte durchaus dieser einen Figur eine Perücke runter nehmen und eine andere Perücke aufsetzen oder andere Accessoires in die Hand geben. Da gab es meiner Ansicht nach auch eine Möglichkeit Rollenspiele zu initiieren. Wobei ich den Eindruck habe, dass Playmobil mit der Zeit die Figuren aber auch immer mehr festlegt – interessanterweise. Also ganz am Anfang war es so, dass die Playmobilfiguren auch kein eindeutiges Geschlecht hatten. Männlein wie Weiblein waren gleich. Man konnte sie nicht unterscheiden. Erst im Laufe der Zeit haben sie zwischen Männern und Frauen unterschieden, dann kamen die Kinder dazu. Ich habe das Gefühl, dass jetzt auch die Playmobilfiguren immer mehr eine Festlegung oder Differenzierung erfahren.

Frage: Und was macht für Sie persönlich die Faszination von Playmobil aus?
Biasini: Die Tatsache, dass man mit diesen Playmobilfiguren und auch mit all diesen Dingen, die zu diesen Spielsets gehören, tatsächlich die reale Welt nachstellen, aber auch so eine ganz eigene Fantasiewelt entwickeln kann. Es bietet einfach unglaublich viele Möglichkeiten. Ich glaube, dass gerade die Kinder großen Spaß daran haben, das, was ihnen im alltäglichen Leben begegnet, mit diesen Figuren nachzuerleben,

nachzuspielen, nachzustellen. Es ist dann aber auch möglich, eine eigene Fantasiewelt mit rein zu bringen. Und das ist interessanterweise gerade bei den Erwachsenen ganz stark ausgeprägt. Erwachsene Sammler – haben wir zumindest in unserer Ausstellung beobachtet – schaffen mit Playmobilfiguren ganz fantastische und irreale Dinge, und das zeigt einfach, dass sehr viele Möglichkeiten da sind, das, was man an Ideen, an Vorstellungen, an Weltbildern hat, mit diesen Figuren zu spiegeln.

Frage: Jetzt zu der Figur selbst: Könnten Sie mir eine Figur aus Ihrer Sicht charakterisieren? Also was an einer Figur wichtig ist, welche Bedeutung sie hat?
Biasini: Ich finde, es ist wichtig, dass diese Figur die wesentlichen Elemente eines Menschen zeigt: Kopf, Arme, Beine und das Gesicht. Das Gesicht ist ja sehr reduziert. Das hat der Erfinder der Figuren, Herr Beck, auch wirklich sehr clever gemacht. Das ist ja wirklich ein Gesicht, wie ein Kind das auch zeichnen würde. Die wichtigsten Dinge sind da, die Augen und der Mund, das kommt ganz prägnant raus. Was auch eine wichtige Funktion dieser Figur ist, ist die Möglichkeit, etwas halten zu können, etwas greifen zu können. Das finde ich fast noch wichtiger als diese Möglichkeit, die Beine abzuknicken – man kann sie ja auch hinsetzen. Und dass man ihr etwas in die Hand geben und sie dadurch verändern kann. Und was natürlich eine clevere Sache ist von Playmobil, ist die Möglichkeit, die Figur zu verändern. Das ist die Art und Weise, wie die Köpfe mit den Frisuren gestaltet sind, dass da verschiedene Frisuren aufgesetzt werden können oder andere Hüte oder dass man einer Figur auch ein Mäntelchen umhängen kann. Da ist diese Wandlungsfähigkeit vorhanden, wobei die Grundprinzipien natürlich immer gleich bleiben.

Frage: Sie hatten vorhin schon angesprochen, dass sich Playmobil in letzter Zeit gerade in eine Richtung hin entwickelt, dass es sich mehr festlegt. Wie hat sich denn Playmobil im Laufe der Zeit aus Ihrer Sicht verändert?
Biasini: Playmobil verändert sich ja ständig. Wir haben schon in der Ausstellung, die wir vor ungefähr zehn Jahren gezeigt haben, festgestellt, dass Playmobil zum einen immer die aktuellen gesellschaftlichen Strömungen aufgreift, dass zum Beispiel auch die Polizeiautos immer genau die Farbe haben, wie die Polizeiwagen, die die Kinder auch tatsächlich im Straßenverkehr sehen. Das heißt, sie sind jetzt auch von grünen auf blaue Polizeiautos umgestiegen. Oder auch die Feuerwehrwachfahrzeuge haben eine große Entwicklung mitgemacht. Sie wurden immer moderner und aktueller. Und dann – wie schon gesagt – waren diese Playmobilfiguren am Anfang Unisex und alle gleich und inzwischen gibt es kleine Chinesen, ich glaube, es gibt auch schwarze Playmobilfiguren, wenn ich das recht in Erinnerung habe. Es gibt die Differenzierung in die Geschlechter, es gibt Kinder, es gibt Erwachsene. Also die Figuren selbst

spiegeln die Bevölkerung der Welt wieder in einem anderen Maße als zu Anfang, wo diese Figur einfach die Figur selbst war und keine weiteren Kennzeichen trug. Was Playmobil natürlich auch verändert hat, ist dass sie immer mehr technische Gimmicks einbauen in ihre Spielsets.

Frage: Jetzt gab es ja im Jungen Museum die Playmobilausstellung. Ich war selbst auch da und mich hat das damals sehr fasziniert. Dazu habe ich noch eine Frage: Wie kam das Junge Museum Speyer zu der Ausstellung?
Biasini: Wir haben geobra Brandstätter angeschrieben und denen vorgeschlagen, eine große Ausstellung zu machen. Die waren auch sehr angetan und sehr, sehr kooperativ. Es war eine sehr angenehme Zusammenarbeit und so kam es dann auch zu der Ausstellung. Wir machen ja regelmäßig Ausstellungen für junge Menschen, sind immer auf der Suche nach spannenden Themen und gerade weil Playmobil so ein Systemspielzeug ist, dass in allen Köpfen ist – also sowohl bei Kindern als auch inzwischen bei den Erwachsenen, die vielleicht selbst schon mit Playmobil gespielt haben, aber immer noch einen Spaß an diesen Figuren haben – dachten wir, das ist ein super Thema für eine Familienausstellung, die auch für Kinder sehr viele Ansätze bietet. Es ist ja auf der einen Seite eine Firmenschau, was wir da gebracht haben, aber wir sahen auch, dass man da mit den Kindern sehr viele Rollenspiele initiieren und auch viel erklären kann. Wir haben dann zum Beispiel die Feuerwehr von Speyer eingeladen, die haben dann Sachen erklärt und das konnte man auch wunderbar an diesen Figuren aufhängen. Man kann die Welt mit Playmobil erklären. Das machen ja inzwischen auch viele Museen, auch gerade archäologische Museen, dass sie dann ganze Schlachten nachstellen oder wie in Freiburg gerade, das Leben der Ägypter nachbauen. Das geht wunderbar mit diesen Figuren.

Frage: Und glauben Sie – vielleicht auch gerade weil man so viel darstellen kann – dass Playmobil mehr als ein Spielzeug ist?
Biasini: Es ist immer das, was man hineinlegt. Also, alles kann mehr als ein Spielzeug sein. Was glauben Sie denn?

Frage: Es kann ja auch durchaus ein Kunstobjekt sein.
Biasini: Ja, genau. Es gibt ja auch tatsächlich Künstler, die Playmobil benutzt haben, die es dann als Werkstoff genommen haben, um etwas daraus zu machen. Es gibt inzwischen auch Psychologen, die mit Hilfe dieser Figuren Familienaufstellungen machen. Man kann es tatsächlich natürlich auch als Werkstoff oder sehr gut als Mittel verwenden, um etwas zu erklären. Sicher. Aber das trifft natürlich auch für andere Gegenstände zu. Das würde ich jetzt nicht als spezifisch für Playmobil sehen, dass

man aus etwas, das erst einmal als Spielzeug gedacht ist, auch etwas anderes machen kann.

Frage: Abschließend würde ich Sie gerne fragen, ob die Playmobilfigur eine Botschaft hat. Wie sehen Sie das?

Biasini: Ich glaube nicht, dass sie eine Botschaft hat. Sie kann die Botschaft tragen, die man hineinlegt. Sie kann Projektionsfläche sein, aber ich finde nicht, dass die Figur an sich eine Botschaft hat.

Vielen Dank für das Interview!

Das Interview führte Hannah Köpper

135

Sacha Szabo

Gendermobil:
Die Rolle der Frau in der Playmobilwelt

„Man ist nicht als Frau geboren, man wird es."[1]

Monolithisch steht diese Erkenntnis Simone de Beauvoirs über den Fragestellungen der Genderstudies. Die feministische Theorie arbeitete heraus, dass nicht das biologische Geschlecht die Frau definiert, sondern die Gesellschaft, die Normen und Codes, an die die Gebärfähigkeit anschließt.[2]

Wie stark dieses Frauenbild von Kindern verinnerlicht wird, wurde bereits in den 80er Jahren in den Studien von Carol Hagemann-White untersucht.[3] Dabei wurde jedoch gleichermaßen festgestellt, dass Eltern seit den Achtzigern gar nicht mehr so strikt an rollentypischem Spielzeug festhalten. Dennoch hält sich der Topos, dass Mädchen Prinzessinnen sein wollen und Jungs Krieger. Auf den ersten Blick bedient auch Playmobil dieses Stereotyp.

Abbildung 1: Playmobil Girls, Nr. 1

---

[1] Beauvoir, Simone de: „Das andere Geschlecht", Hamburg, 1992, S. 334.
[2] Kerner, Ina: Konstruktion und Dekonstruktion von Geschlecht. Perspektiven für einen neuen Feminismus. Onlinequelle (http://web.fu-berlin.de/gpo/pdf/kerner/kerner.pdf) [Stand der Abfrage: 21.10.2012].
[3] Hagemann-White, Carol: „Sozialisation. Weiblich-Männlich", Opladen, 1984.

So gibt es für Jungs Ritter und für Mädchen ein Märchenschloss. Diese Geschlechterapartheit geht bis hin in die Farbgebung, dass die Boxen für Jungs in Blau und die für Mädchen in Rosa gehalten sind.

Die für die vorliegende Untersuchung spannende Frage lautet jedoch, wie werden Frauen bei Playmobil inszeniert. Bei den ersten Packungen waren Frauen nicht vorgesehen. Playmobil war auch nicht dezidiert als Puppen geplant, sondern als Figuren. Sie waren als Besatzteile für Fahrzeuge konzipiert und damit weitestgehend geschlechtslos. Mit der Entscheidung, 1974 Playmobilfiguren auf den Markt zu bringen, kreierte die Firma Geobra drei Archetypen: den Bauarbeiter, den Ritter und den Indianer. Drei Figuren, die auch im kindlichen Spiel stark präsent sind. Man denke etwa an den Sandkasten, das Fechten und das Spiel Cowboy und Indianer.

Bereits zwei Jahre später wurde das Sortiment um ein weibliches Playmobil erweitert. „Sie unterschieden sich durch eine andere Frisur und eine geschwungene Körperform. Eine entsprechende Kopfbedeckung vollendete dann die Weiblichkeit."[4]

Abbildung 2: Playmobilfrau mit Kleidchen (Foto: Sacha Szabo)

Weiblichkeit wird bei dieser Figur durch äußere Attribuierungen erzeugt: Frisur sowie ein Kleidchen, das eine Art Rock darstellt. Damit folgt Playmobil spannenderweise dem kindlichen Sozialisationslernen, dass nämlich zuerst bestimmte Attitüden als typisch für Mädchen wahrgenommen werden. So werden Mädchen von gleich-

---

[4]   Hennel, Axel: „Playmobil Collector. 1974-2009", Dreieich, 2009, S. 13.

altrigen Jungs nicht über ihre Geschlechtlichkeit als Mädchen wahrgenommen, sondern beispielsweise durch Röcke oder Zöpfe.

Diese an den sozialen Merkmalen orientierte Geschlechterdifferenz findet sich in gleicher Weise bei den Playmobilkindern, die 1981 auf den Markt kommen. Natürlich haben auch die Mädchen einen Rock und eine mädchenhafte Frisur. So kann der „normale" Familienalltag nachspielt werden.

Sicher bedarf es an dieser Stelle des Einwands, dass Gesellschaft und Spielzeug in einem Wechselverhältnis stehen. Somit kann, auch wenn die traditionelle Familie in Auflösung begriffen ist, mit den Figuren auf diese Veränderungen reagiert werden. Dies zeigt sich etwa daran, dass Playmobilfiguren in der therapeutischen Praxis eingesetzt werden.

Das Spannende dieser Entwicklung ist nun, dass ab Ende der achtziger Jahre „körperliche" Merkmale äußere Merkmale wie Kleidung ablösten. Zwar war auch hier ein Mann, der „dicke Kapitän" (3382), Vorreiter, aber schon ein Jahr später wurde das komplette Sortiment überarbeitet und Frauen zeichneten sich nun durch einen langen Rock aus, was aber noch entscheidender ist: Brüste wurden angedeutet.

Abbildung 3: Playmobilfrau mit Rock und Brüsten (Foto: Sacha Szabo)

Auch hier wieder eine Parallelität zur kindlichen Sozialisation: Während im Alter von 4 Geschlecht über äußere Attribute zugeschrieben wird, wird ab etwa 7 Jahren Geschlecht über biologische Merkmale wahrgenommen. Im Jahr 2012 tauchen dann schwangere Playmobilfrauen auf. Wenn man so will, sind die artifiziellen Figuren jetzt in die Geschlechtsreife eingetreten.

Abbildung 4: Playmobilfrau: Schwangere Frau (Foto: Sacha Szabo)

Was wir bereits aus dieser Genealogie folgern können ist, dass sich Playmobil verblüffender Weise in der Produktentwicklung analog zur kindlichen Sozialisation entwickelt hat. War Frau anfangs über äußere Attribute definiert, folgte eine Differenz anhand der körperlichen Merkmal, die dann in der Unterscheidung Gebärfähigkeit – Nicht Gebärfähigkeit mündete.

Wir sehen also, dass Playmobilfiguren ihre Geschlechtlichkeit ansozialisiert bekamen. Was bedeutet das aber für die Rolle der Frau in den Playmobilwelten? Playmobil selbst beschreibt sich in der Firmenausstellung als „Rollenspielsystem".

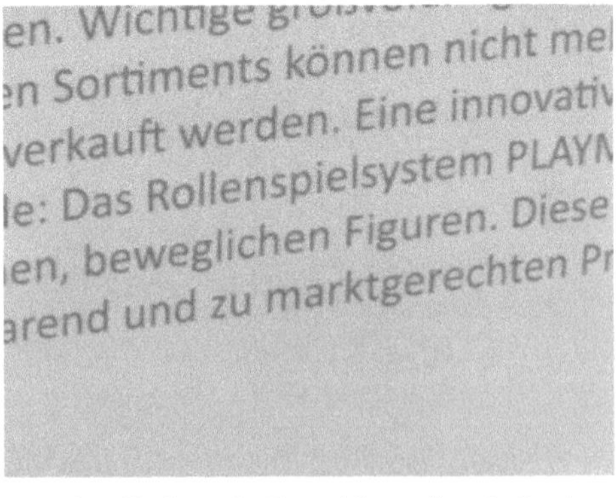

Abbildung 5: Standdisplay in der Playmobilausstellung in Günzburg (2012)

Kinder können also in Rollen schlüpfen. In der Lesart von Buitendijk bedeutet dies auch, dass die Einnahme einer Rolle eine Art Probehandlung für das spätere Leben ist. (Siehe dazu den Text von Anselm Geserer in diesem Band). Typische „Frauensachen" werden – so die Theorie – durch die spielerische Einübung einstudiert und prägen so das weibliche Selbstbild bereits im Kindesalter.[5]

Man findet sicherlich gerade in den siebziger Jahren einige Indizien, die ein traditionelles Frauenbild fördern. So sind die ersten Rollen Königin, Krankenschwester und eine Squaw, die typischerweise gerade kocht. Es sind durchweg untergeordnete Rollen, selbst die Königin ist in der traditionellen Lesart eher schmückendes Beiwerk als selbst kraftvolle Herrscherin. Auch ist weibliches medizinisches Personal nicht leitende Ärztin, sondern dienende Krankenschwester. Wir sehen also, die Emanzipation der Playmobilfiguren steckte auch 1976 noch in den Kinderschuhen. Wie sehr auch die Rollenbilder auseinanderfallen, wird bei den Einzelpackungen deutlich: Hier steht die männliche Rollen, der Polizist (3334), neben der Hausfrau, die die Wohnung saugt (3315).

Auch das Aufkommen von Playmobilkindern änderte wenig an diesem untergeordneten Rollenbild. So taucht neben der Funktion als Bäuerin die Playmobilfrau in erster Linie als Mutter auf, die einen Kinderwagen schiebt.[6] Also noch keine Rede von Vätern, die sich um die Kinder kümmern. Wie stark dieses Rollenverständnis sogar in die Produktlinie von Playmobil selbst hineinspiegelt zeigt sich an den Playmobilkindern im Jahre 1982/83. Dort wird das Mädchen wie selbstverständlich mit Puppenwagen dargestellt. Und natürlich findet sich bei den Kleinkindern im Jahr 1984/85 eine Erzieherin. Mit der Nostalgieserie änderte sich zwar das Setting, aber das Rollenbild der Frau blieb weiterhin gleich. Entweder repräsentierte die Frau als Dame das Haus oder sie war Hausangestellte. Die Packung 5502 zeigt beispielhaft auf, wie die Zuschreibung der Frau als Mutter tradiert wird. Dort behütet eine Gouvernante ein Kleinkind, das auf seine kleine Schwester aufpasst und dazu noch mit einer Puppe spielt.[7]

Bis zu diesem Zeitpunkt spiegelt sich in Playmobil eine traditionelle Familienstruktur wider. Eine Struktur, in der die Frau entweder untergeordnete oder rein repräsentative Funktionen innehat. Wobei auch beide Funktion zugleich auftreten können.

---

[5] Vgl. Hurrelmann, Klaus: „Einführung in die Sozialisationstheorie", Weinheim, 2006, S. 68-75 und Vgl. Niederbacher, Arne/ Zimmermann, Peter: „Grundwissen Sozialisation. Einführung zur Sozialisation im Kindes- und Jugendalter", Wiesbaden, 2011, S. 169-176.

[6] Vgl. dazu auch: Allemann-Tschopp, Annemarie: „Geschlechtsrollen. Versuch einer interdisziplinären Synthese", Bern, 1979, S. 31-34.

[7] Vgl. dazu auch: Greenglas, Esther R.: „Geschlechterrolle als Schicksal. Soziale und psychologische Aspekte weiblichen und männlichen Rollenverhaltens", Stuttgart, 1986, S. 152-154.

In der Diagnose muss allerdings gesagt werden, dass Playmobil keineswegs allein eine solch konservative Produktphilosophie propagierte, vielmehr spielen auch die Kundenwünsche eine entscheidende Rolle. Und die Figuren scheinen auf ein Bedürfnis der Kunden nach einer traditionellen Familien zu reagieren.

Mit der Überarbeitung der Figuren Anfang der neunziger Jahre wandelte sich auch das Frauenbild ein Stück weit. Plötzlich tauchen auch junge Frauen in Trendsportarten auf. Es verschwinden die Röcke und Brüste werden angedeutet. Aber wie ein Reflex darauf wird eine „Mädchenserie" in Rosa aufgelegt, in dem eine Hochzeit das erste Thema wird. Aber auch von solchen rosaroten Wunschträumen lässt sich die Emanzipation der Playmobilfiguren jetzt nicht mehr aufhalten.

Abbildung 6: Playmobilfrau: Polizistin (Foto: Sacha Szabo)

So steht schon im Jahr 1997 eine Polizistin selbstverständlich ihren „Mann". Auf diesen Modernisierungsschub wies auch die Pressesprecherin der Firma Playmobil Frau Weingart im Gespräch hin:

In dem Sinne, in dem wir Lebenswirklichkeit abbilden, die hat sich verändert, finden sich jetzt auch durchaus andere Motive. Wir sind ja inspiriert durch die Welt, die gelebt wird. Wenn Sie ein Thema wollen: Bild der Frau. Wenn man die PLAYMOBIL-Frauen im Sortiment sieht – die haben sich auch gewandelt. So wie die Frauen heute in der Gesellschaft, in der Familie und überall alle Rollen übernehmen, so ist das in der PLAYMOBIL-Welt auch.[8]

Das Spannungsfeld zwischen Moderne und Tradition spiegelt sich aber auch darin wider, dass im Jahr 1999 Frauen auftauchen, die in ihren Reifröcken keine andere Funktion mehr ausüben können als zu repräsentieren.

Abbildung 7: Playmobilfrau: Prinzessin (Foto: Sacha Szabo)

Einen Strafzettel im Reifrock zu verteilen? Undenkbar. Auch im Jahr 2003 liegt der Fokus der weiblichen Tätigkeiten in der Hausarbeit. Wäschebügeln (3206) und Kinder füttern (3208). Natürlich ist der Gesamteindruck zeitgemäß modern, wenn etwa die Frau mit dem Kinderwagen nun joggt, dennoch bleibt auch diese Figur in der Mutterrolle verhaftet.

---

[8]   Frau Weingart im Gespräch

Abbildung 8: Playmbilfrau: Joggerin mit Kinderwagen (Foto: Sacha Szabo)

Wenn wir also von den Abbildungen, in denen die Figuren dargestellt werden, ausgehen, so könnten wir Playmobil ein sehr traditionelles Frauenbild attestieren. Wenn
nicht, ja wenn nicht Playmobil eine Produktlinie auf den Markt brachte, die muster-
gültig die gesellschaftliche Tendenz zur Individualisierung im Kontext der Modernisierung, wie sie von Hannah Köpper in diesem Band aufgezeigt wurde, umsetzt. Wir
sprechen hier von Playmobil Figuren Sets.

Abbildung 9: Figures Packung (Foto: Sacha Szabo)

Der Beilagenzettel listet die Archetypen der modernen Playmobilfrau auf. Folgende Identitätsangebote werden den Kindern präsentiert:

Abbildung 10: Beipackzettel in der Figures Packung

- Fee
- Agentin
- Cheerleaderin
- Lady Dracula
- Jungle Girl
- Ballkönigin
- Frau im Spa
- Ägyptische Prinzessin
- Ballerina
- Frau in bayrischer Tracht
- Tierärztin
- Geisha

Dies sind keineswegs mehr machtlose Frauengestalten, natürlich liegt immer noch der Schwerpunkt auf dem symbolischen Kapital wie Schönheit. Schönheit scheint überhaupt das Attribut der Playmobilfrauen seit der Jahrtausendwende geworden zu sein. Aber diese Rollen sind keineswegs festgelegt. Vielmehr ermöglichen die Sets auch Kombinationen verschiedener Rollen, wie etwa einer schießenden Ballkönigin oder einer bluttrinkenden Geisha.

Abbildung 11: Playmobilfrau: Bluttrinkende Geisha (Foto: Sacha Szabo)

Mit diesen Möglichkeiten ist es nun für die Spielenden möglich, sich ihre eigene Figur zu kreieren, eine Figur mit der sich der Spielende oder besser die Spielende in viel höherem Maße identifizieren kann. Aber die Kombinationsmöglichkeiten gehen noch viel weiter. Dadurch, dass Playmobil sich als „Rollespielsystem" versteht, konnten immer schon auch von den weiblichen Figuren männliche Rollen relativ problemlos übernommen werden können. Die Adaption von männlichen Rollen zeigt sich etwa in ein paar Figuren, die ich auf einem Flohmarkt in einer Kiste fand und die Nordstaaten-Soldaten darstellen und wirken, als hätte man sie gerade weggelegt. Natürlich sind diese Figuren, wie es sich für das kindliche Spiel gehört, nicht naturalistisch, so hat eine Figur einen Tomahawk, aber viel spannender ist die Frauenfigur mit Soldatenmütze und Gewehr.

Abbildung 12: Playmobilfrau: Soldatin (Foto: Sacha Szabo)

Heutzutage würde man diese vielleicht als Cross-Dressing bezeichnen, aber mit den Playmobil-Sets aus der Playmobil Figures Serie erweitert sich diese Möglichkeit radikal. Dadurch, dass es auch eine Playmobil Figures Serie für Jungs gibt, kann man jetzt beide Serien mischen und erhält transgegenderte Figuren. Wie etwa eine Piratenkapitän-Tierärztin.

Abbildung 13: Playmobiltransgender: Piraten-TiermedizinerIn

(Foto: Sacha Szabo)

Was können wir nun an Playmobil ablesen? Die Playmobilsets wirken wie ein Seismograph für Veränderungen. Es wechselt beständig zwischen Innovation und Tradition, zwischen Vergangenem und Modernem und vielleicht ist gerade dieser Chiasmus eine Funktion, die Playmobil besser als viele andere Spielzeuge zu erfüllen vermag. Sicherheit aus der Tradition zu beziehen, um Mut für die Veränderung zu sammeln. Es ist eine Paradoxie, auf traditionelle Geschlechterrollen zurückzugreifen, um diese zu überwinden, aber genau damit zeigt sich, dass das Spiel offen ist für die Ambivalenzen und Widersprüche, die in den aktuellen Geschlechterdiskursen deutlich werden.

Quellenverzeichnis:

Allemann-Tschopp, Annemarie: „Geschlechtsrollen. Versuch einer interdisziplinären Synthese", Bern, 1979.

Beauvoir, Simone de: „Das andere Geschlecht", Hamburg, 1992.

Greenglas, Esther R.: „Geschlechterrolle als Schicksal. Soziale und psychologische Aspekte weiblichen und männlichen Rollenverhaltens", Stuttgart, 1986.

Hagemann-White, Carol: „Sozialisation. Weiblich-Männlich", Opladen, 1984.

Hennel, Axel: „Playmobil Collector. 1974-2009", Dreieich, 2009.

Hurrelmann, Klaus: „Einführung in die Sozialisationstheorie", Weinheim, 2006.

Kerner, Ina: Konstruktion und Dekonstruktion von Geschlecht. Perspektiven für einen neuen Feminismus. Onlinequelle (http://web.fu-berlin.de/gpo/pdf/kerner/kerner.pdf) [Stand der Abfrage: 21.10.2012].

Niederbacher, Arne/Zimmermann, Peter: „Grundwissen Sozialisation. Einführung zur Sozialisation im Kindes- und Jugendalter", Wiesbaden, 2011.

⑲ BUNDESREPUBLIK ⑫ **Patentschrift**

DEUTSCHLAND ⑪ **DE 22 05 525 C 2**

DEUTSCHES

PATENTAMT

㊿ Int. Cl. ³:
A 63 H 3/16

㉑ Aktenzeichen: P 22 05 525.0-15
㉒ Anmeldetag: 5. 2. 72
㊽ Offenlegungstag: 9. 8. 73
㊻ Veröffentlichungstag: 1. 10. 81
Einspruchsfrist 3 Monate nach Veröffentlichung der Erteilung

㉓ Patentinhaber:

Geobra Brandstätter GmbH & Co KG, 8502 Zirndorf, DE

⑫ Erfinder:

Antrag auf Nichtnennung

㊾ Entgegenhaltungen:
DE-GM 70 39 572
US 35 90 516
US 28 38 873

㊿ Spielzeugfigur

BUNDESDRUCKEREI BERLIN 08. 81 130 240/66

22 05 525

Patentansprüche:

1. Spielzeugfigur mit einem nach unten offenen Körper, in die gegenüber dem Körper um je eine Achse bewegbare Arme und Beine eingesteckt und mittels eines von unten in den Körper eingeführten, den Kopf haltenden Lagerteils festgelegt sind, dadurch gekennzeichnet, daß das Lagerteil als ein zur Aufnahme der Arme (10, 11) und Beine (39, 40) dienendes, lösbares Tragstück (1) ausgebildet ist, welches am den Beinen zugewandten Ende eine Rastlagerung für die außenliegenden Zapfen (41, 42) der Beine (39, 40) und am dem Kopf zugewandten Ende eine Arretierung für die Arme (10, 11) und eine Rast (24, 25) für einen am Kopf (26) angebrachten, durch eine Einstecköffnung in den Körper (31) eingesteckten Steckzapfen (28) aufweist.

2. Spielzeugfigur nach Anspruch 1, dadurch gekennzeichnet, daß zur Arretierung der Arme (10, 11) am dem Kopf zugewandten Ende des Tragstük-kes (1) nach oben offene Gabeln (12) vorgesehen sind, die Lagerköpfe (17, 18) von Lagerzapfen (15, 16) der Arme hintergreifen.

3. Spielzeugfigur nach Anspruch 1 oder 2, dadurch gekennzeichnet, daß bei einzeln bewegbaren Beinen (39, 40) in bekannter Weise eine weitere Lagerstelle (Aussparung 47 und Lager 48) vorgesehen ist, die gleichachsig zu den Zapfen (41, 42) der Beine angeordnet ist.

Die Erfindung bezieht sich auf e ne Spielzeugfigur mit einem nach unten offenen Körper, in die gegenüber dem Körper um je eine bewegbe e Arme und Beine eingesteckt und mittels eines von unten in den Körper eingeführten, den Kopf haltenden Lagerteils festgelegt sind.

Bei einer aus dem DE-GM 70 39 572 bekanntgewor-denen Spielzeugfigur ist das als Zapfen zum Aufstecken des Kopfes aus dem Körper herausragende Lagerteil mit zwei federnden Gabelarmen versehen, die sich auf den inneren Lagerteilen der Beine abstützen und gleichzeitig auch die Gelenkkugeln der Arme nach außen drücken. Diese Ausbildung einer Spielzeugfigur hat insbesondere die Schwierigkeit, daß der Zusammen-halt der Figur im häufig recht rauhen Spielbetrieb bei dem die Kinder an den Körperextremitäten ziehen und drehen, sehr rasch verloren geht. Insbesondere kann der Kopf sehr leicht abgezogen werden. Hinzu kommt noch, daß zum Zusammenbau einer derartigen Spielzeugfigur eine bestimmte Reihenfolge eingehalten werden muß, was das Wiederzusammensetzen einer solchen Figur durch Kinder erschwert, insbesondere wenn nicht gleichzeitig erkennbar auf der Hand liegt, wie die Teile zunächst ineinandergehängt und zusammengesteckt werden sollen.

Der Erfindung liegt daher die Aufgabe zugrunde, eine Spielzeugfigur der eingangs genannten Art derart auszugestalten, daß die Spielzeugfigur durch Kinder in einfacher Weise zerlegt und wieder zusammengesetzt werden kann, daß aber gleichwohl im zusammengesetz-ten Zustand die Teile fest gehalten sind und somit die Gefahr eines allzu leichten Auseinanderfallens vermie-den ist.

Zur Lösung dieser Aufgabe ist erfindungsgemäß vorgesehen, daß das Lagerteil als ein zur Aufnahme der

Arme und Beine dienendes, lösbares Tragstück ausgebil-det ist, welches am den Beinen zugewandten Ende eine Rastlagerung für die außenliegenden Zapfen der Beine und am dem Kopf zugewandten Ende eine Arretierung für die Arme und eine Rast für einen am Kopf angebrachten, durch eine Einstecköffnung in den Körper eingesteckten Steckzapfen aufweist.

Weitere Ausgestaltungen der Erfindung sind in den Unteransprüchen beschrieben.

Die Erfindung soll nachstehend an einem Ausfüh-rungsbeispiel sowie an Hand der Zeichnung näher erläutert werden. Dabei zeigt

Fig. 1 die Vorderansicht der Spielzeugfigur, teilweise im Schnitt,

Fig. 2 einen Mittellängsschnitt durch den Körper und den Beinabschnitt und

Fig. 3 einen Querschnitt durch die Spielzeugfigur im Bereich des Halsstückes.

Der Rumpf der Spielzeugfigur weist ein Tragstück 1 auf, mit einer quer zur Körperlängsachse verlaufenden Platte 2 und davon ausgehenden, sich in Längsrichtung des Kopfes erstreckenden Schenkeln 3, 4 zur Befesti-gung des Kopfes und Schenkeln 5, 6 zur Aufnahme der Arme. Die über die Platte 2 hinausgehende Verlänge-rung der Schenkel 5, 6 nach unten bildet die federnden Lappen 7, 8 zur Lagerung der Beine. Die genannten Teile bilden vorzugsweise eine Einheit und werden durch den ebenfalls angeformten Anschlag 9 für die Abwinkelung der Arme ergänzt. Die Schenkel 5, 6 bilden an diesem Zweck eine nach oben offene Gabel 12 und enthalten zu diesem Zweck eine nach oben offene Gabel 12 und enthalten die Gabelschenkeln 13, 14, die um die Lagerzapfen 15, 16 der Arme 10, 11 herumgreifen. An die der Figurenmitte zugewandten Seite der Lagerzapfen 15, 16 schließen sich verbreiterte Lagerköpfe 17, 18 an.

Am freien Ende der Arme 10, 11 sind die Hände 19, 20 angebracht, vorzugsweise angeformt. Diese Hände weisen einen die Handaufnehmung 21 teilweise umschließenden kürzeren, daumenseitigen Schenkel 22 sowie einen fingerseitigen Schenke! 23 auf. Die freien Enden der Schenkel 22 und 23 haben einen geringeren Abstand als die Breite der Handausnehmung 21, so daß ein in Richtung der Armlängsachse in die Hand hineingedrückter Gegenstand darin festgehalten, bei geringe Druckausübung jedoch wieder daraus entnom-men werden kann

Die Schenkel 3, 4 des Tragstückes 1 sind mit Rasten 24, 25 zur Aufnahme des im am dem Kopf zugewandten Halsstückes 27 versehen. Zur Montage der Spielzeugfi-gur wird der im Querschnitt etwa dreieckige Steckzap-fen 28 des Halsstückes 27 entlang der Keilflächen 50 gur wird der im Querschnitt etwa dreieckige Steckzap-fen 28 des Halsstückes 27 entlang der Keilflächen 50 gur wird der im Querschnitt etwa dreieckige Steckzap-fen 28 des Halsstückes 27 entlang der Keilflächen 50 überstehenden Teile der Steckzapfen 28 einrasten und dadurch gegen ein leichtes Herausziehen blockiert sind.

Der mit einem Gesicht versehene Kopf 26 sowie das Halsstück 27 und dessen Steckzapfen 28 sind vorzugs-weise einstückig ausgebildet. Der hohlkugelförmige Kopf 26 ist oben abgeflacht und enthält etwa in Höhe des Haaransatzes eine umlaufende Raste 29, auf die eine mit einer Gegenraste versehene Perücke 30, eine Kopfbedeckung und dgl. aufsetzbar ist.

Das Tragstück 1 sowie die ihm angeformten Lagerstellen für die Gliedmaßen sind vom Körper 31 umschlossen, dessen kragenförmiger Ansatz 32 die Übergangsstelle zwischen den Lagerköpfen 17, 18 der Arme 10, 11 umkleiden. Der rückwärtige Mantelteil 35 des Körpers 31 ist länger ausgebildet als dessen

22 05 525

3

vorderer Mantelteil 36, so daß die jeweiligen Unterkanten bei Sitzstellung der Spielzeugfigur in geringem Abstand von der Sitzfläche bzw. der Beinoberseite enden. Seitliche Fortsätze 37, 38 des Körpers 31 überdecken die Lagerstellen der Beine 39, 40.

Diese Lagerstellen werden von Ausnehmungen in den federnden, die Fortsetzung der Schenkel 5, 6 des Tragstückes 1 bildenden Lappen 7, 8 gebildet. In diese Ausnehmungen greifen an den Außenseiten der Beine angeordnete Zapfen 41, 42 ein, in deren Umgebung die Beinaußenseiten mit Abflachungen 43, 44 ausgestattet sind, an denen die federnden Lappen 7, 8 des Tragstückes 1 anliegen. Die Beine 39, 40 können mit den ihnen angeformten Füßen 45, 46 ein einheitliches Beinstück bilden, wobei das Beinstück an seiner Rückseite mit einer sich annähernd über die gesamte Breite erstreckenden Aussparung 47 versehen ist, die sich über einen Teil der Oberseite des Beinstückes fortsetzt und zur Aufnahme des dem Tragstück 1 angeformten Anschlages 9 dient. Bei der Ausführungsform mit den getrennt voneinander beweglichen Beinen

4

39, 40 ist dieser Anschlag 9 in zwei Lappen unterteilt, die je nach Beinlage dem rückwärtigen bzw. dem oberen Abschnitt der Aussparung 47 anliegen, wie F i g. 2 zeigt. In diesem Fall sind die Beine 39, 40 um einen Zapfen 48 drehbar, der im oberen Bereich des einen Beines angebracht bzw. angeformt ist und in eine entsprechende Ausnehmung 49 des anderen Beines eingreift. Ergänzend sei darauf hingewiesen, daß das in F i g. 2 bis in Sitzstellung heraufgeklappte Bein 39 auch in einer Position gehalten werden kann, bei der seine Längsachse einen spitzen Winkel mit der Figurenlängsachse bildet.

Zur Begrenzung der Drehbewegung des Kopfes 26 ist im Bereich des kragenförmigen Ansatzes 32 eine querschnittlich etwa halbkreisförmige Nut 50 vorgesehen, in die ein radialer Fortsatz 51 des in der Bohrung 52 drehbaren Halsstückes 27 eingreift. Nachdem der radiale Fortsatz 51 unterhalb des Kopfes auf dessen Gesichtsseite angeordnet ist und die Nut 50 etwa in der Schulterlinie endet, ist sichergestellt, daß der Kopf 26 seitwärts, aber nicht rückwärts gedreht werden kann.

Hierzu 2 Blatt Zeichnungen

152

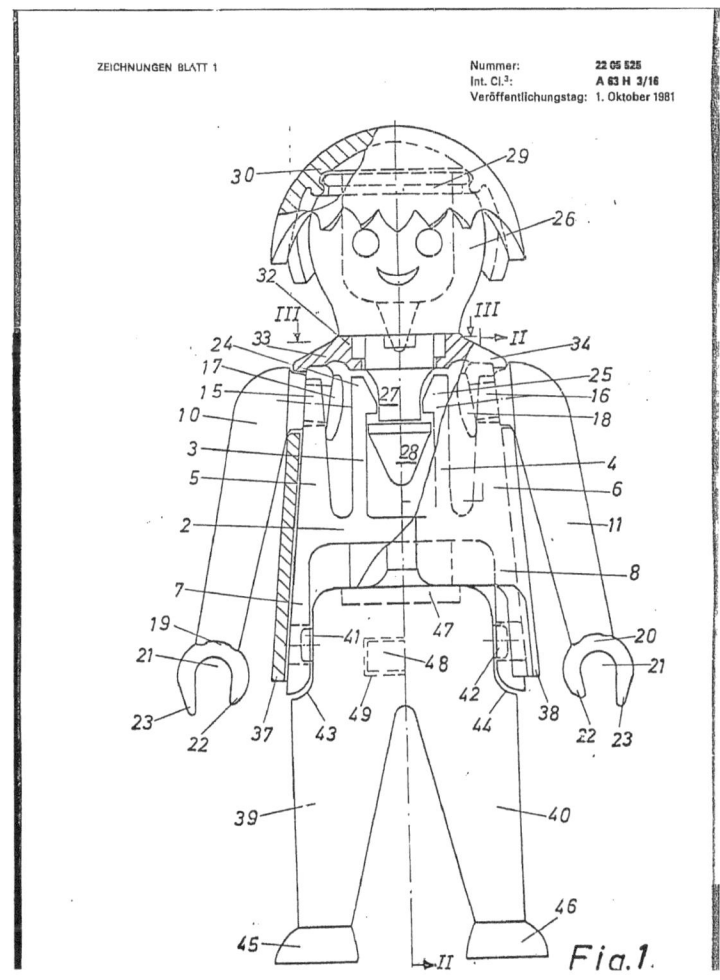

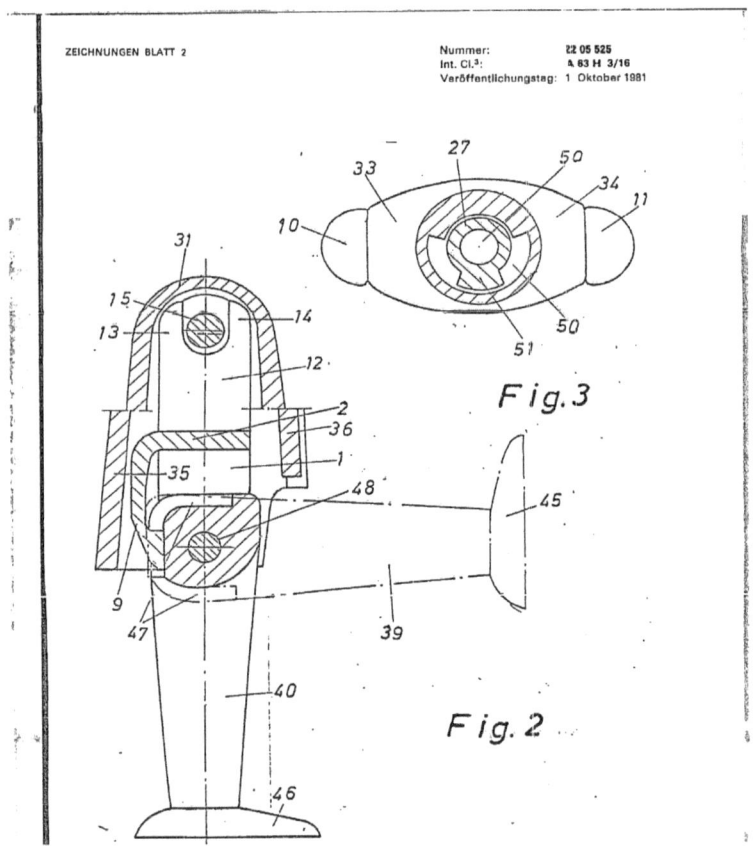

ZEICHNUNGEN BLATT 2

Nummer: 22 05 525
Int. Cl.³: A 63 H 3/16
Veröffentlichungstag: 1 Oktober 1981

Fig.3

Fig.2

Deutsches Patentamt/Geobra Brandstätter
Patentschrift 22 05 525 C 2

154

Quellenverzeichnis

Deutsches Patentamt (1972): Patentschrift DE2205025C2 (Patentinhaber Geobra Brandstätter GmbH und Co. KG). (http://depatisnet.dpma.de/DepatisNet/de patisnet?window=1&space=menu&content=index&action=index) (Dort bei Recherche die Patentschriftnummer eingeben) [Stand der Abfrage: 15.10.2012].

Danksagung

An dieser Stelle sei der Firma Geobra Brandstätter, den Machern von Playmobil® gedankt, dass sie dieses Projekt auf so vertrauensvolle Weise unterstützt haben.

Ein besonderer Dank an Frau Andrea Schauer und Frau Judith Weingart, sowie den vielen Mitarbeitern von Playmobil, die immer ein offenes Ohr oder eine helfende Hand hatten, wenn es galt ein kleines oder gar ein großes Problem zu lösen. Ein Dank auch an die Interviewpartner, die anonym bleiben wollten, sowie Frau Biasini vom Jungen Museum in Speyer und Herrn Dr. Rau vom archäologischen Landesmuseum in Konstanz, die wir im Rahmen dieses Projekts interviewen durften.

Ein großer Dank an Bernd Günther, der mit „Figurbetont" (www.figurbetont.de) wunderbare Cartoons kreiert und sich exklusiv für dieses Buch passende Cartoons ausdachte.

Ein großer Dank auch an Frau Biasini vom Jungen Museum in Speyer und Herrn Dr. Rau vom archäologischen Landesmuseum in Konstanz für die Bereitsschaft für ein ausführliches Gespräch sowie ein herzlicher Dank an die Interviewpartner die anonym bleiben wollten.

Studien zur Unterhaltungswissenschaft

Wenn Sie Vergnügen an diesem Buch hatten und Freude an der unkonventionellen und unorthodoxen Art wie Wissenschaft betrieben wird, können wir Ihnen auch weitere Bücher aus der Schriftenreihe des Instituts für Theoriekultur empfehlen.

Die Unterhaltungswissenschaft widmet sich der Frage nach dem tieferen Sinn unserer Unterhaltungskultur. Wir gehen der Frage nach, warum „Herr der Ringe" eine Kriegserklärung an die Moderne ist. Beschäftigen uns mit der Zeitreise im „Terminator" und stellen beim Online Rollenspiel „World of Warcraft" die Geschlechterfrage. Auch fragen wir „Data" wie es sich denn so als Android lebt und untersuchen das Regierungssystem im Dschungel Mowlis.

Christopher Flade und Sacha Szabo, zwei bekannte Freizeitparkexperten, machen sich zusammen mit dem Leser auf eine spannende Spurensuche. Dazu wurden 20 Zeitzeugen zu ihren Erlebnissen im Spreepark befragt. Herausgekommen ist kein konventioneller Parkführer, der diesem besonderen Ort auch gar nicht gerecht würde, herausgekommen ist eine liebevoll zusammengetragene literarisch-wissenschaftliche Parkführung, die Einblicke in 40 Jahre Parkgeschichte gibt.

Mit einem detailverliebten Blick schafft es Sacha Szabo auch in diesem Buch eine unterhaltsame und leicht lesbare wissenschaftliche Analyse vorzulegen, die zeigt, dass Wissenschaft auch ein Genussmittel sein kann. Sozusagen im Vorbeigehen an der Festgemeinschaft wird en passant dabei eine Festtheorie entwickelt, die die Struktur und die Elemente fast jedes Festes aufzuzeigen vermag und so die Formel für gelungene Events entschlüsselt.

Ausgehend von David Finchers Film „Fight Club"
skizzieren die Autoren und Autorinnen von „Artefakt: „Körper" eine Soziologie des Schmerzes.
Sie greifen dabei aktuelle körpersoziologische Dis-
kurse auf und führen Sie im Verständnis der Unterhaltungswissenschaft weiter. Unterhaltungswissenschaft will einerseits eine Wissenschaft von der
Unterhaltung und andererseits unterhaltende Wissenschaft sein.

Das Mittelalter erlebt gegenwärtig eine Blüte in
der Populärkultur. Aus Büchern, Filmen und Ver-
anstaltungswesen sind historische Elemente nicht
mehr wegzudenken. Katharina Zeppezauer-Wachauer fragt: Was fasziniert die Menschen an dieser
Zeit? Welche Sehnsüchte stehen hinter dem Besuch
mittelalterlicher Spektakel, welche Motive hinter
Kostüm und mediävaler Inszenierung im 21. Jahrhundert?

Alle diese Bücher erschienen in der Schriftenreihe „Studien zur
Unterhaltungswissenschaft" des Instituts für Theoriekultur beim Tectum Verlag und
können problemlos über den Buchhandel über direkt beim Verlag bestellt werden.
(http://www.tectum-verlag.de).

In der Schriftenreihe „Studien zur Unterhaltungswissenschaft"
sind bisher erschienen:

BAND 1	BAND 4
Sacha Szabo, Samuel Strehle (Hg.) Unterhaltungswissenschaft. Populärkultur im Diskurs der Cultural Studies 183 Seiten, 24,90 Euro, 2008 ISBN 978-3-8288-9635-2	Christopher Flade und Sacha Szabo (Hg.) Vom *Kulturpark Berlin* zum *Spreepark* *Plänterwald* Eine VergnügungskulTOUR durch den berühmten Berliner Freizeitpark 120 Seiten, 19,90 Euro, 2011 ISBN 978-3-8288-2748-6
BAND 2	BAND 5
Sacha Szabo Brand Studies Marken im Diskurs der Cultural Studies 161 Seiten, 24,90 Euro, 2009 ISBN 978-3-8288-2085-2	Sacha Szabo Ballermann. Das Buch. Phänomen und Marke 134 Seiten, 19,90 Euro, 2011 ISBN 978-3-8288-2791-2
BAND 3	BAND 6
Sacha Szabo Artefakt Körper: Skizzen zu einer Soziologie des Schmerzes 10 Zugänge zu David Finches Film *Fight Club* (Band 3) 142 Seiten, 24,90 Euro, 2011 ISBN 978-3-8288-2744-8	Katharina Zeppezauer-Wachauer Kurzwîl als Entertainment Das Mittelalterfest als populärkulturelle Mittelalterrezeption. Historisch-ethnografische Betrachtungen zum Event als Spiel. 168 Seiten, 24,90 Euro, 2012 ISBN 978-3-8288-2909-1

	BAND 8
	Sacha Szabo / Hannah Köpper „Fröhliche Weihnachten" X-Mas Studies Weihnachten aus Sicht der Wissenschaft 256 Seiten, 19,95 Euro, 2013 ISBN 978-3-8288-3254-1

FSC
www.fsc.org
MIX
Papier | Fördert
gute Waldnutzung
FSC® C083411

Zeitfracht Medien GmbH
Ferdinand-Jühlke-Straße 7
99095 Erfurt, Deutschland
produktsicherheit@kolibri360.de